影响孩子一生的（彩图版）

中外名人成才故事

Celebrity Stories

主编/龚 勋

科技英杰

江西教育出版社
JIANGXI EDUCATION PUBLISHING HOUSE

为你打造
一所成功学院

　　每个人都梦想成功，每个人都有成功的潜能，但不是每个人都能成功，只有掌握成功的秘诀才有可能获得成功。那么，从哪里可以学到成功的秘诀？从本系列图书开始，你将步入一所不同凡响的成功学院，这里的老师个个都是其所在领域中创造历史、改变历史的精英人物。

　　"影响孩子一生的中外名人成才故事"系列汇集了古今中外数百位名人，既有雄韬伟略的领袖，又有勇猛无畏、叱咤风云的军中豪杰；既有睿智深刻的哲人，又有孜孜追求真理的科技英杰；既有笔耕不辍的文坛俊杰，又有创造精湛艺术的杰出代表……他们将带领孩子们去回顾他们的成长历程，将他们博大精深的智慧传授给孩子们，更重要的是带孩子们体验和领悟他们那种为了理想执著追求的勇气和精神。

　　这些名人们的成长积累下丰富的成功经验，是帮助我们通向成功的一条捷径。只要我们认真学习、深刻领悟，我们也会像这些名人一样，通过不懈努力一步步走向辉煌！

Celebrity

总有一种力量
让我们前行……

在人类社会各个阶段中，总有着一些与众不同的人物：他们具备睿智的目光，拥有深邃的思想，蕴藏超人的智慧，具有追求真理的精神……在无法逆转的社会进步大潮中，他们用自己的杰出贡献在人类历史上留下了一串串不可磨灭的印迹。

但是，名人不是自然生成的，他们也曾和我们一样默默无闻，也曾在迷惘与困顿中徘徊……但是，他们的坚毅品性、过人胆略、恒定信念与执著勇气，使他们熬过了人生的严冬，迎来了生命的春天。

本系列共八册，从人类历史中筛选出具有代表性的数百位精英人物，按领域分为政治领袖、军事将领、圣哲名师、科技英杰、文学泰斗、艺术巨擘、名家名流、发明大家，以生动的故事形式分别讲述了他们的成长、成才历程，让孩子们在轻松、愉快的阅读中体验名人们在政治活动中的雄韬伟略，在战争环境下的雄风与智谋，在哲学伦理中的深邃与博大，在文学艺术中的激情与创造，以及在科学技术中的严谨与神奇。与此同时，孩子们也能从中受到激励、启发和教益，从而充实自我、提高自身修养，树立远大的志向。

相信读完本系列书后的你会从名人的身上，找到鞭策自己前进、激励自己奋斗的动力。Celebrity

前言
FOREWORD

用名人成才的故事
启迪智慧人生

在浩瀚的历史长河里，涌现出了众多伟大的科学家，他们开创性的创新和发现，推动着社会文明不断进步。《影响孩子一生的中外名人成才故事——科技英杰》一书，便汇集了古今中外共计30位最具代表性的科技英杰，讲述他们的成长、成才历程，以期青少年朋友从中受到激励、启发和教益。

科学家们的成功纵然令人惊羡，但是让他们获得荣誉的科研成果无不饱含着辛勤的汗水。在探寻科学真理的过程中，科学家们往往付出了超乎常人的努力。他们那百折不挠的意志、严谨求实的态度与锐意进取的精神，至今仍鼓舞着人们。李冰不辞辛劳，反复勘察，巧妙设计，终于建成了中国古代水利史上最伟大的工程——都江堰；孙思邈认真学习前人经验，精勤不倦，终在百岁高龄留下两部重要的医学著作——《千金要方》和《千金翼方》；哥白尼敢于挑战权威理论，不惧宗教势力的威胁，提出"日心说"，引发了人类宇宙观的重大变革；牛顿通过刻苦学习，忘

我工作，总结出三大运动定律和万有引力定律，揭示了世间万物的运动特点；达尔文在《物种起源》一书中以全新的生物进化思想，推翻了"神创论"和物种不变的理论……

品读这些精彩的故事，一定会激发你开拓进取的豪情；破解科学家们的"成功密码"，你会顺利找到属于自己的成才之路。下面就让我们沿着科学家成长的足迹，一同进入神圣的科学殿堂吧！

目 录
CONTENTS

Successful life

站在名人的肩膀上，
让我们懂得更多，看得更远……

水利工程大师
李冰

Li Bing

人物档案

姓　　名：李冰

生 卒 年：不详

籍　　贯：不详

身　　份：水利专家

重大成就：设计、兴建都江堰

　　李冰是我国著名的水利工程大师，他主持兴建的都江堰沿用了两千多年，至今仍发挥着防洪、灌溉、航运等多种功效，堪称世界水利工程史上罕见的奇迹。

　　约公元前256年，秦昭襄王任命通晓天文地理的李冰去治理岷江。李冰经过一番实地考察，决定在岷江上修建一座防洪、灌

溉、航运兼用的大型综合水利工程——都江堰。按照方案，首先要打通玉垒山，使岷江水能够畅通流向东边。但是由于玉垒山山石坚硬，施工队每天只能凿开很少一部分山石。这可急坏了李冰。他觉得多拖延一天，当地老百姓就多一天处在水患边缘。于是，他又发动民工出主意、想办法，集中众人的智慧。

这时，有一个很有经验的老民工建议：在岩石上凿一些沟，然后在沟里点燃柴草，就能把岩石烧得爆裂。李冰一试，果然有效，工程的进度大大加快了。经过众人的努力，玉垒山终于被凿开了一个20米宽的口子，这就是都江堰非常有名的宝瓶口。岷江水通过宝瓶口源源不断地流向东部旱区。

为了使岷江水能顺利东流且保持一定的流量，并充分发挥宝瓶口的分洪和灌溉作用，李冰决定在岷江中构筑分水堰，

■ 都江堰全貌。

■ 都江堰宝瓶口。

将江水分为两支：一支顺江而下，另一支被迫流入宝瓶口。接着，李冰又主持建造了平水槽、百丈堤等，最终成功地完成了都江堰工程。

　　都江堰的建成，使原本十年九灾的成都平原变成了没有水旱灾害、富裕丰饶的天府之国。李冰为蜀地的发展做出了不可磨灭的贡献，因此千百年来一直备受崇敬，被人们尊称为"川王"。

成功密码

　　李冰的成功，与他忧国忧民的爱国主义情怀和尊重科学的实干精神是分不开的。李冰看到蜀地人民饱受洪旱灾害，就决心消除水患，造福万民。他不辞辛劳，反复勘察，巧妙设计，精心指挥，终于建成了中国古代水利史上最伟大的工程——都江堰。

济世救民的医圣
张仲景

Zhang Zhongjing

人物档案

姓　　名：张机

生 卒 年：约150~219

籍　　贯：南阳郡（今河南南阳）

身　　份：医学家

重大成就：著有《伤寒杂病论》

　　张仲景出生在南阳的一个地主家庭，从小天资聪慧，勤奋好学。东汉末年，瘟疫肆虐，张仲景目睹人们受病痛折磨的种种惨状，开始发愤研究医学，立志成为一位能解救人们疾苦的医生。

　　当时，南阳郡有一位老中医名叫张伯祖，其医术精湛，临床经验丰富。张仲景拜他为师，学习医术。张仲景学习非常用心，无论是外出诊病、抄方抓药，还是上山采药、回家炮制，从不怕苦怕累。张伯祖非常喜欢这个学生，便把自己毕生行医积累的丰富经验倾囊相

授，全力栽培。在老师的悉心指导下，张仲景医术日益精深，终于成为一代名医。

张仲景长年奔波于患者之间，为百姓治病，积累了丰富的临床经验。向他求诊的病人很多，有时应接不暇，但是张仲景仍然抽出时间学习。他提倡"勤求古训"，认真学习和总结前人的理论和经验。

■ 北宋李唐所绘的《灸艾图》描绘了古人用艾绒熏烤穴位时的场景。

除此之外，他还广泛搜集古今治病的有效药方，甚至民间验方也尽力搜集。他对民间喜用的针刺、灸烙、温熨、药浴、坐药、润导、浸足、灌耳等多种疗法都一一加以研究，广积资料，在临床实践中加以运用和检验。

汉代的统治者提倡封建迷信，因此方士、巫婆大行其道。

■ 药浴是传统中医的治疗方法，至今仍受人们喜爱。

张仲景出道行医，不得不与封建迷信作斗争。有一次，张仲景遇到一个犯病的妇女，她说自己看到了鬼神，整个人疯疯癫癫的。张仲景仔细诊断她的病情，了解她的生活情况后指出，这不是什么鬼神作怪，而是生了一种病。张仲景在妇女身上选定穴位，施了针灸，妇女的病很快就好了。

张仲景还总结了各种疾病的一般性规律，告诉人们：人不会无缘无故地生病，之所以生病，或者是因为内在的原因，也就是生理上发生了病变；或者是因为外在的原因，如气候急剧变化；或者是因为社会原因以及意外伤害等，完全与鬼神无关。张仲景凭着对医学的执著和救死扶伤的良知，大胆地同封建迷信和旧观念进行斗争，挽救了无数人的生命。

经过几十年艰苦劳动，张仲景收集了大量资料，结合自己在临床实践中的经验，终于在晚年完成了《伤寒杂病论》这一医学巨著。该书问世后，经数代医家整理，最终分为《伤寒论》和《金匮要略》两部，流传至今。

张仲景一生培养了诸多弟子，其中卫凡、杜度等人受张仲景影响颇深，对医术精益求精，继承了师傅的医学事业，成了名医。张仲景把毕生的精力无私地奉献给了医学事业，使后人获益良多。唐宋以来，张仲景更被尊奉为"万世医宗"，受到了人们的最高推崇，后人通过建祠来世代纪念他。

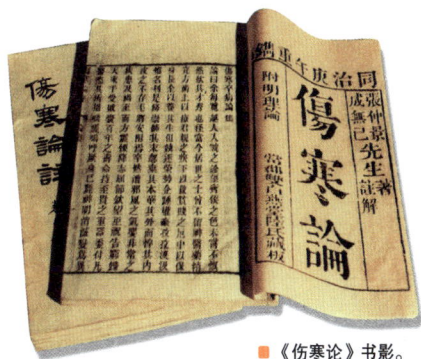

■《伤寒论》书影。

成功密码

张仲景凭着勤奋虚心的精神，学得精深的医学知识。成为名医后，他并不满足于此，仍然勤学苦钻，博采众长。他把终生所学无私地传授给他人，把毕生的精力全部投入到医学事业中，最终流芳百世。

精确推算圆周率的科学家
祖冲之

Zu Chongzhi

人物档案

姓　　名：祖冲之

生 卒 年：429~500

籍　　贯：范阳遒县（今河北涞水县）

身　　份：数学家、天文学家

重大成就：将圆周率的精确值计算到小数点后七位小数

祖冲之出身于书香门第，家族历代对于天文历法都很有研究，因此祖冲之从小就有机会接触各种科学知识。

少年时期，祖冲之就读于"国子学"。他除了老师教的功课门门达到优秀以外，课余时间，还像海绵一样在书的海洋

里尽情地吮吸着知识的水分。
除了对天文学感兴趣之外，他
还大量地阅读了数学、机械、
文学以及音乐等方面的书籍。
祖冲之读书相当刻苦，这是他
周围的人有目共睹的。他学习

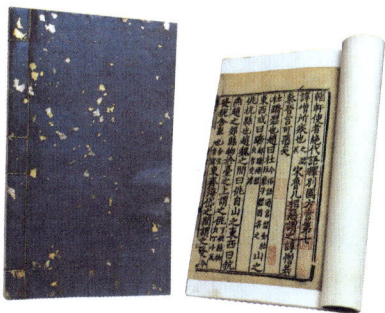

■《隋书·律历志》记载了祖冲之计算圆周率的事情。图为《隋书·律历志》书影。

古人，但却不模仿古人，具有独立创新的科学精神。

　　由于少年时期的努力，早在青年时期，祖冲之就有了博
学多才的名声，很快他就被派到一个研学之所——华林学省去
做研究工作。在华林学省里，祖冲之又苦读了七八年，涉猎了
多种学科的知识。他坚信，学科之间是能融会贯通的，并不是
隔行如隔山。

　　经过在华林学省里的几年学习，祖冲之的学识、能力都
达到了一个更高的层次。祖冲之研究学术的态度非常严谨，他
十分尊重古人的研究成果，但又不盲目崇拜古人，就像他自己
说的那样"搜炼古今"，但是绝不"虚推古人"。一方面，他
对于古代科学家刘歆、张衡、刘徽等人的著述都进行深入的研
究，充分汲取其中一切有用的东西。另一方面，他又敢于大胆

怀疑前人在科学研究方面总结出的结论，并通过实际观察和研究，加以修正补充，从而取得许多极有价值的科学成果。

一次，祖冲之从《周髀算经》上读到，圆的周长是其直径的三倍。祖冲之用绳子量车轮进行验证，却发现车轮的周长比车轮直径的三倍还多一点儿。他又去量盆子，结果还是一样。那么，圆的周长究竟比直径长多少呢？为了精确推算出圆的周长和直径的比（即圆周率），祖冲之便在书房的地面上画了一个直径为一丈的大圆，然后运用三国时期刘徽首创的割圆术，在圆内进行切割计算。他从圆内接正六边形开始，一直算到圆内接正12288边的多边形。

那时还没有算盘，祖冲之就用竹片做的筹码进行计算。这是一项非常细致而艰巨的脑力劳动，每计算完一次，祖冲之都得重新摆放筹码，而且只要稍有差错，就只能从头开始。祖冲之凭着极大的毅力，经过成年累月的计算，终于推

■ 祖冲之木雕像。

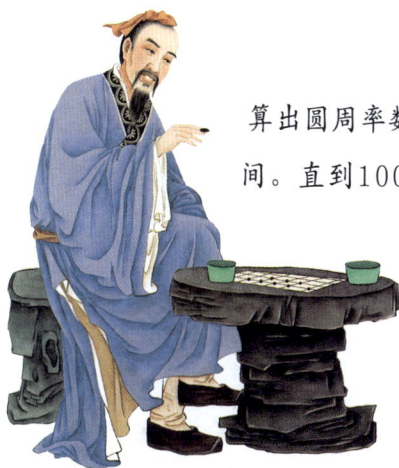

算出圆周率数值在3.1415926和3.1415927之间。直到1000多年后，欧洲才推算出同样的结果。

　　除了精确推算圆周率外，祖冲之还创造出了当时最先进的《大明历》，发明了指示方向用的指南车、利用水力进行磨面的水碓磨等。他精通音律，擅长下棋，在许多领域都取得了突出成就，是我国古代杰出的科学巨匠。为纪念这位伟大的古代科学家，人们将月球背面的一座环形山命名为"祖冲之环形山"，将小行星1888命名为"祖冲之小行星"。

成功密码

　　祖冲之为什么会成功呢？因为他具有搜炼古今，博采众长，但绝不虚推古人的严谨的治学态度，他总是对别人的成果进行深入的思考与分析，并为自己所用。因为他具有科学创新的意识，不满足于前人已有的成果，冲破重重阻力，不断推陈出新，所以他才能成为科学发明的多面手。

中国最早的地理学家
郦道元

Li Daoyuan

人物档案

姓　　名：郦道元

生 卒 年：约470～527

籍　　贯：范阳涿县(今河北涿州市)

身　　份：地理学家、散文家

重大成就：著有《水经注》

　　郦道元是中国最早的地理学家。他从少年时代就喜好游览，其父在青州做官时，他曾随父亲遍游山东。郦道元喜欢到有山水的地方游览，观察水流的情景。奔泻的瀑布、翻滚的波浪、飞溅的水花……无不引起他的兴趣。他当时就想："要是能记录下这美丽壮观的景色，该有多好啊！"

　　步入仕途以后，郦道元充分利用在各地做官的机会进行实地考察，足迹遍及今河北、河南、山东、山西、安徽、江苏等广大地区。他调查了当地的地理、历史和风

■ 郦道元年少时曾游览青州。图为青州海滩。

土人情等，掌握了大量的第一手资料。

每到一个地方，郦道元都要游览名胜古迹、山川河流，悉心勘察水流地势，并访问当地

■ 郦道元潜心撰写《水经注》。

长者，了解古今水道的变迁情况及河流的渊源所在、流经地区等。同时，郦道元还利用业余时间阅读了大量古代地理学著作，积累了丰富的地理学知识。这为他的地理学研究和著述打下了深厚的基础。

通过将自己看到的地理现象同古代地理著作进行对比，郦道元发现其中很多地理情况随着时间的流逝发生了很大变化。如果不及时把这些地理现象的变迁记录下来，后人就更难以弄明白历史上的地理变化。为此，郦道元决定以《水经》为蓝本，以作注的形式撰写一本完整的地理学著作。

在今天，我们查某种资料可以去图书馆，还可利用许多

■ 黄河曾因各种原因多次被改道，《水经注》对此有详细记载。

现代化手段，但在郦道元所处的那个年代，国家的图书馆只对高官和史官开放，而且管理很严。郦道元到皇家图书馆查书很不方便，因此他只有依靠家藏的图书，以及利用到各地任官的时机，搜集地方的图书。

为了撰写《水经注》，郦道元到底搜集了多少种资料现在已难以查清。各代学者经过统计得出，在《水经注》中列出引用的文献就有480种之多，所引用的碑铭也有近400种。郦道元的野外考察工作并不是随便浏览一下，而是与地图、文献对照，有时还与当地人民交谈，形成一套完整、科学的野外考察方法。

郦道元通过亲身考察，纠正了许多古代地理书的错误。比如对于泗水的源头，各种文献中的记载都不相同，郦道元就亲自去考察，于是发现各种文献的说法都是错误的。在考察汝水沿岸的古墓时，他就采用了访问和文献索引相结合的方法。在任鲁阳太守时，他结合地图、地方文献进行野外考察，勘查了汝水的源头情况。这些都是郦道元从事野外考察的实例。

郦道元经过千辛万苦的实践工作后，终于著成了《水经注》。《水经注》内容丰富，包罗万象，是郦道元留给后世的宝贵财富，对后人研究中国古代民族、宗教、金石、艺术有着特殊的贡献。

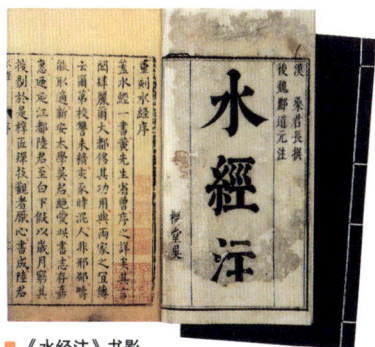

■《水经注》书影。

成功密码

郦道元之所以能完成《水经注》这部包罗万象的巨著，是因为他利用余暇时间阅读了大量地理学方面的著作，积累了丰富的地理学知识；因为他不辞辛苦，对山川河流等进行了大量的调查、考证工作。郦道元用广博的知识和辛勤的汗水，锻造出了这部具有极高历史、地理及文学价值的著作。

一代药王
孙思邈

Sun Simiao

人物档案

姓　　名：孙思邈

生 卒 年：581~682

籍　　贯：京兆华原（今陕西耀县孙家塬）

身　　份：医学家

重大成就：著有《千金要方》《千金翼方》

　　孙思邈年少时聪颖好学，但是自幼多病，身体瘦弱，常需请医生诊治，以致耗尽家财。因此，他在青年时期就立志要用毕生精力从事医学研究。

　　为了学会治病方法，孙思邈认真学习前人经验，攻读《黄帝内经》《伤寒杂病论》《神农本草经》等古代医书，钻研民间方药。后来，孙思邈又告别家乡父老，去异地拜师深造。由于他勤学好问，用心钻研，几年后就具有了丰富的医学知识和较高的医术，二十几岁便负有

■ 古人就医图。

盛名。

　　孙思邈对于民间的土方、验方非常重视。由于他虚心向民间"寻宝"，又善于总结，因此积累了丰富的行医经验。他不但擅长妇产科、儿科，而且精通内科、外科、五官科及按摩、保健、食疗等，同时还具有相当高明的针灸技术和渊博的药物学知识。即便已经取得如此高的成就，孙思邈仍能虚心钻研，锐意创新。

　　有一次，孙思邈遇到一位闭尿的病人，病人的膀胱胀得非常严重，生命危在旦夕。服药和按摩均未奏效。忽然，孙思邈看见一个孩子正拿一根葱管在吹着玩儿，葱管尖尖的，又细

又软。他灵机一动，决定用葱管来导尿。他把葱叶掐去尖端，小心地插入病人的尿道，然后用力一吹，不一会儿尿就顺着葱管流了出来。病人很快就痊愈了。用葱叶导尿，这在古代医学史上是没有先例的。如果与法国医生在1860年用橡皮管导尿的技术相比，孙思邈的导尿术早了1000多年。

还有一次，孙思邈碰到一位腿疼的病人，他用土方和《明堂针灸图》所记的穴位进行针灸，均未见效。于是，孙思邈决心寻找新的穴位。他一面在病人的腿疼处四周掐按，一面询问患者哪儿有痛感。当他按到病人腿痛之处时，病人突然喊道："啊……是这里，是这里了。"孙思邈立即对这一部位进行针灸，结果病人的痛感大减。

后来，孙思邈把这种没有固定部位的孔穴称为"阿是穴"。这种随压痛点取穴位的方法，至今仍在临床使用。

经过长期的医疗实践和总结，孙思邈认为过去的一些方药医书浩博庞杂，分类也不大妥

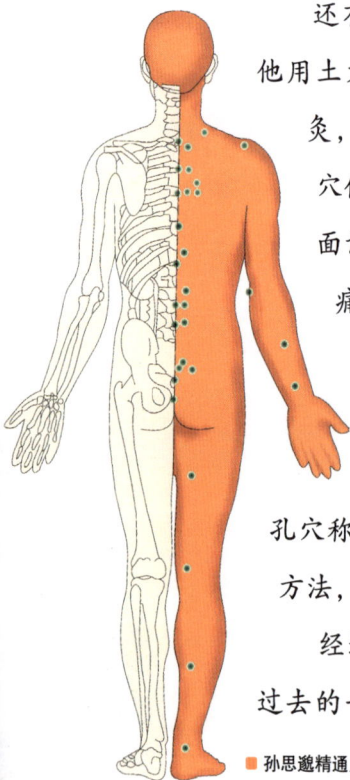

■ 孙思邈精通人体穴位，治愈了很多疑难杂症。

■《千金要方》和《千金翼方》书影。

当，因此立志编写一本新的医书。他一方面"博采群经，删繁裁重"，一方面广泛搜集民间药方。大约在652年，他撰写成《千金要方》。这时，他已年过七旬。后来，他感到《千金要方》仍不够完善，又在百岁高龄的时候写下《千金翼方》。

这两部书系统地总结了从战国时期的《黄帝内经》一直到唐初的医学成就，具有很高的科学价值。孙思邈逝世后，人们为了纪念他，尊称他为"药王"。

成功密码

孙思邈之所以成功，是因为他用毕生精力从事医学研究。他认真学习前人经验，阅读古代医书，钻研民间方药，因此在青年时期就具有丰富的医学知识和较高的医术；他精勤不倦，到了晚年仍在精研医术，终在高龄留下了两部重要的医学著作：《千金要方》和《千金翼方》。

百科全书式的科学家
沈括

人物档案

姓　　名：沈括
生　卒　年：1031~1095
籍　　贯：浙江钱塘（今浙江杭州）
身　　份：科学家、政治家
重大成就：著有《梦溪笔谈》

　　沈括自幼勤奋好学，并且善于思考。一次，他读白居易的诗，当读到"人间四月芳菲尽，山寺桃花始盛开"时，感到疑惑：一般在四月的时候桃花早就凋谢了，为什么诗中说山上的桃花才盛开呢？

　　为了解开这个谜团，小沈括邀上小伙伴上山实地考察了一番。四月的山上，乍暖还寒，冷风吹得他们瑟瑟发抖。他们四处搜寻，也没有发现开着花的桃树。沈括终于明白，原来山上的气温比山下的低，所以花季来得迟。

　　1063年，沈括考中了进士，后来被提升为太史令兼提举

■ 沈括晚年居住在江苏镇江。图为镇江市景。

司天监，负责掌管图书资料、天文历法。此后，沈括的足迹遍及大半个中国，加上他勤奋好学，博闻强记，又善于观察思考，因此，在科学领域里取得了多方面的成就。

沈括在游览名山大川时，总是能透过青山秀水，看到它们的沉浮变迁。比如沈括在延州查访时，便根据当地发现的化石，推断出古时的地理环境和气候变迁。另外，沈括还发现了石油，并且预言后世一定会大规模开采石油，当做燃料。

在历法方面，沈括经过长期的观察研究，提出了《十二气历》，主张废除传统的阴历，实行阳历。这种新的历法简单明了，对指导农业生产有很大的帮助。

Celebrity stories

■ 沈括雕像。

沈括在数学领域也颇有建树。他提出的隙积术是《九章算术》中"刍童术"的发展，构成了其后二三百年间关于垛积问题研究的开端。

在物理学上，沈括发明了"以磁石磨针锋"来造指南针。此外，他通过对某些声学现象的观察与研究，对声音的共振现象也有了更进一步的认识。

一次，沈括的妻子刚推开楼上房间的门，就听到桌上的古琴发出"铮铮"的响声。沈括闻讯赶过来，他发现院墙外正有一支迎亲队伍走过，还传来一阵鼓乐声，顿时就明白了。于是，他剪了一个小纸人贴在琴弦上，然后又拿来一张琴，用力拨动琴弦。结果，贴在另一张琴上的小纸人竟随着琴声跳动了起来，同时琴弦发出"铮铮"的声响。沈括对妻子解释说，这就是声学上的共振现象，刚才街上的鼓乐声传到房间里，引起古琴的共鸣，也是同样的道理。

沈括将这一现象记载在他的《梦溪笔谈》一书中。这部书中不仅撰写了关于天文、物理、化学、地理、医学等自然

科学方面的内容，还记录了文学、历史、音乐等人文科学的内容，囊括了沈括一生的见闻和科学研究成果，而沈括也被人们称为"百科全书式的科学家"。

成功密码

　　沈括在天文、地理、数学、物理等方面都取得了让人叹为观止的成就。他为什么会取得如此大的成就呢？综观沈括的一生，可以看出这与他富有积极求索的精神、注重实地勘察、勤学好思是分不开的。正因为如此，他才成为百科全书式的科学家。

东方医学的集大成者
李时珍

人物档案

姓　　名：李时珍

生 卒 年：1518～1593

籍　　贯：蕲州（今湖北蕲春）

身　　份：医药学家、博物学家

重大成就：著有《本草纲目》

　　李时珍出身于一个医学世家。他的祖上几代都以行医为生，父亲李言闻在家乡一带颇有名望。受家庭环境影响，李时珍从小就对医药学产生了浓厚的兴趣。25岁时，他开始悬壶济世，正式行医。

　　在行医的十几年中，李时珍阅读了大量的医药书籍。他发现这些书有很多缺点：许多有用的药材没有记载；有的药材记错了药性和药效；有的药材只记了名称，没有说明形状和生长情况。于是，他决定编写一本新的医药学书籍，以纠正并整理前代及本代药物学的散失资料。

　　《本草纲目》的编写，从1552年开始，到1578年完成，

前后历时27年。其间，李时珍用了十五六年的时间，广泛搜集资料，总结前人的经验教训。有一次，李时珍进山采药，看到漫山遍野开着一种黄色的山花。他忙向路边的樵夫询问，得知此花叫"曼陀罗花"，俗称"洋金花"。樵夫还告诉他，有人曾把它的种子用酒冲服，结果那个人在很长的时间里狂笑不止。又据服用过这种种子的人说，吞服之后，精神恍惚，好像喝醉了酒一样，自己笑了也不知道，还觉得挺舒服的。

李时珍听了之后，心中一动：莫非失传多年、由东汉名医华佗配制的"麻沸散"就是用洋金花做的原料吗？他马上采了一捆，带回寓所。经过反复试验，他发现这种花的确具有麻

醉作用，失传多年的"麻沸散"的秘密终于被解开了。后来，李时珍在他编撰的《本草纲目》中记载洋金花主治"诸风及寒温脚气，煎汤洗之。又主治惊痫及脱肛，并入麻药"。

为了发现并采集新的药材，李时珍头戴竹笠，身背药囊，踏遍两湖、两广、安徽、河北、江西、江苏等地。他披荆斩棘，攀悬崖，临绝壁，亲自采集了许多珍贵的药物标本，并通过实地考证纠正了医药书籍上的很多错误。此外，他还向农民、猎户、樵夫、药农乃至贩夫走卒请教调查，积累了丰富的第一手材料。

有一次在野外，李时珍品尝药材时中毒，全身浮肿，不能行动，便躺在地上仰望蓝天白云，慢慢地等死。突然一阵风吹来，身旁一棵小树飘下许多叶片，有几片正好落在他嘴边。他索性咀嚼起来，没想到不久中毒的症状就消失了。他仔细研究那棵小树，得知那是棵茶树。为了再次验证茶叶是否能解毒，李时珍冒着生命危险，再次品尝有毒药物，

又再次咀嚼茶叶。果然，毒又被解了。从而，他得出了茶叶能解毒的结论。

李时珍集毕生心血，三易其稿，历经27载，终于编写出了中国科技史上的伟大著作《本草纲目》。这本书共52卷，记载药物1892种，还附有大量插图，记录了1.1万多个药方，是中国古代记载药物最多、分类解释最为细致的医药学巨著，对后世药物学的发展具有重要的意义。

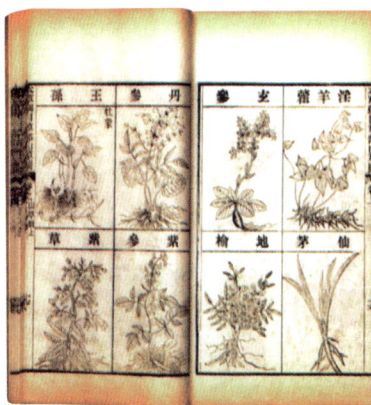

《本草纲目》药物图谱。

成功密码

李时珍用27年的时间编写了《本草纲目》，三易其稿方成书，如果没有刻苦自励的精神，是绝难做到的。另外，李时珍不辞辛苦，为保证记载翔实，经常对药材进行实地考察和试验，极大地丰富了传统中草药的内容，这种求实创新的精神是他成功的又一法宝。

东西方科学交融的先行者
徐光启

人物档案

姓　　名：徐光启

生 卒 年：1562～1633

籍　　贯：上海县徐家汇（今上海旧城区）

身　　份：科学家

重大成就：编写《农政全书》

　　徐光启生在上海一个经营农业的家庭，父辈每天都得辛苦劳作，以维持生计。徐光启从小就帮父亲做些农活。他留心观察周围的农事，对农业生产和园艺有着浓厚的兴趣。

　　32岁时，他应邀到广东韶州教授私塾，见到了主持韶州城西教堂的郭居静，两人交谈甚欢。在郭居静家里，徐光启第一次见到了世界地图，知道原来世界竟然如此广阔；第一次听说意大利科学家伽利略制造了天文望远镜，能清楚地观测天上星体的运行……这些前所未闻的新鲜事深深地打动了徐光启。他希望可以通过学习西方先进的科学技术帮助自己的国家变得富强起来，于是，他决定将先进的自然科学引进中国。

此后，徐光启和自己的好朋友——意大利传教士利玛窦开始合作，把一些西方科学书籍翻译成中文。徐光启认为数学是一切科学的基石，便决定首先翻译西方数学的经典名著《几何原本》。利玛窦听了，摇着头说："这本书十分深奥，翻译起来难度很大。"徐光启坚定地说："我躲避困难，困难就会越来越大；我迎着困难而上，它自然就会消失的。请放心，我一定会成功的！"

在翻译《几何原本》的过程中，徐光启常常工作到半

■ 徐光启正在研究外文书籍。

■ 徐光启（右）和意大利著名传教士利玛窦。

夜。有时为了确定一个译名，他反复琢磨、推敲，不知不觉就忙到天亮。译文里的几何学名词术语，如点、线、面、锐角、钝角、直角、四边形、对角线、平行线等，都是经过他呕心沥血的反复推敲而确定下来的。《几何原本》出版后，成为明末从事数学工作的人的一部必读书，为我国近代数学的建立打下了基础。

天文学也是徐光启学习西学的重要内容之一。除了翻译介绍西方的天文学著作，徐光启还多次组织人员进行天文观测，获取了大量的第一手科学资料。在天文观测中，徐光启在中国历史上第一次制造并使用了望远镜。根据实际观测结果，徐光启又主持绘制了一幅星图，成为当时最完备、最精确的星图，也是中国目前所知最早包括南极天区的全天星图。

此外，徐光启还编译西方的水利著作，为农田水利事业的发展提供了宝贵经验。徐光启不仅翻译书籍，还进行独立创作。他编著的《农政全书》一书，是结合自己的经验，对古今中外农业生产和农学研究的得失利弊做出的全面总结；是代表中国古代农业科学发展最高水平的百科全书。这部书不仅推进了当时农业生产的发展，还为后世的农业发展和农学研究提供了宝贵的财富，其中的一些经验和措施直到今天仍有很大的实用价值。

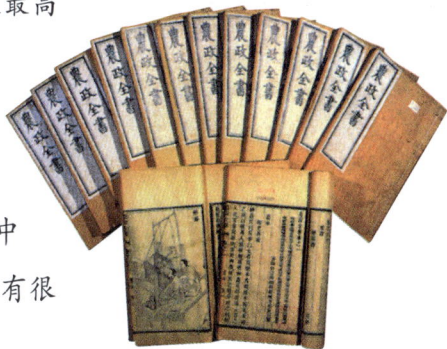

■《农政全书》书影。

成功密码

徐光启作为学贯中西的科学家，有着与众不同的成功之路。他不仅潜心钻研中国传统技术，更放眼世界，积极介绍和引进西方的先进技术，期望能为中华民族的富强做出贡献。他的这种胸怀四海、兼收并蓄的治学思想，是成就其非凡业绩的重要条件。

中国铁路之父
詹天佑

Zhan Tianyou

人物档案

姓　　名：詹天佑
生 卒 年：1861～1919
籍　　贯：安徽婺源（今属江西）
身　　份：铁路工程专家
重大成就：修筑京张铁路

　　詹天佑出身于一个没落的茶商家庭。儿时的詹天佑聪颖好学，对机器十分感兴趣。有时，他还偷偷地把家里的自鸣钟拆开，摆弄和琢磨里面的构件，提出一些连大人也无法解答的问题。1872年，清政府洋务派决定选拔一些聪颖的幼童到西方学习科技，11岁的詹天佑报了名，考试后被录取。从此，詹天佑辞别父母，怀着学习西方"技艺"的理想，来到美国就读。

　　在美国，众人对北美机器、火车、轮船及电信制造业的迅速发展赞叹

不已。有的同学由此对中国的前途产生悲观情绪，詹天佑怀着坚定的信念说："今后，中国也要有火车、轮船。"他刻苦读书，于1878年7月考入著名的耶鲁大学谢菲尔德理工学院，专攻土木工程。1881年，詹天佑以优异的成绩获得了该专业的学士学位。同年8月，詹天佑归国，走上了科技报国的道路。

　　1905年，清政府决定修筑京张铁路（北京到张家口）。英俄都想插手铁路的修筑，由于受到中国人民的强烈反对，他们的阴谋没能得逞。在这关键时刻，詹天佑毫不犹豫地接下了这个艰巨的任务，全权负责京张铁路的修筑。詹天佑清楚地知道这一任务的艰巨性，他顶着压力，坚持不任用一个外国工程师。

　　紧张的勘探、选线工作开始了。詹天佑带着测量队，身背仪器，日夜奔波在崎岖的山岭上。一天傍晚，猛烈的西北风卷着沙石在八达岭一带呼啸怒吼，刮得人睁不开眼睛。测量队员急着结束工作，随便填了个测得的数字，就从岩壁上

■ 西方铁路技术传入中国后，帝国主义和洋务派先后掀起了兴建铁路的热潮。

爬下来。詹天佑接过本子，一边查看填写的数字，一边疑惑地问："数据准确吗？""差不多。"测量队员回答说。詹天佑严肃地说："技术的第一个要求是精密，'大概''差不多'这类说法不应该出自工程人员之口。"接着，他背起仪器，冒着风沙，重新吃力地攀到岩壁上，认真地复勘了一遍，修正了一个个误差。

在修建京张铁路的过程中，面对艰巨的工程，詹天佑充分展示出了他的才华和科学创新精神。针对关沟段地形险峻的特点，詹天佑采用"之"形线路解决了最困难的越岭问题；在开凿居庸关隧道时，他采用了两端对凿法，准确地使山洞在中点贯通；而开凿八达岭隧道时，因为洞身过长，詹天佑采取了直井开凿法，对厚厚的岩层首次实施炸药爆破开山法……

京张铁路顺利完工了，詹天佑也受到了中外各界人士的称赞。清政府特别授予他"工科进士第一名"的称号，同

时，美国土木工程师学会也将他选为会员，成为入选该会的第一个中国工程师。从此，詹天佑更加勤奋工作，为中国早期铁路建设事业的发展做出了不可磨灭的贡献。

成功密码

詹天佑是一个具有自强不息、勇于创新精神的人。为了振兴中国的铁路事业，在没任用任何一个外国工程师的情况下，他主持建成了工程艰巨的京张铁路。通过大胆创新，巧妙设计，他利用当时技术十分落后的设备，创造了铁路修建史上的奇迹，博得了中外业内人士的一致赞誉。

我能用杠杆撬动地球
阿基米德

Archimedes

人物档案

姓　　名：阿基米德

生 卒 年：公元前287～前212

国　　籍：古希腊

身　　份：数学家、力学家

重大成就：证明了杠杆定律，发现了浮力定律

　　阿基米德出生于意大利西西里岛的叙拉古城。11岁那年，他来到亚历山大里亚城学习天文学、数学和力学。学业结束后，阿基米德回到家乡叙拉古城，成为叙拉古国王的顾问，帮国王解决生产实践、军事及日常生活方面的科技问题。

　　通过实践总结，阿基米德发现了杠杆定律，即杠杆的平衡

Celebrity stories

条件是动力×动力臂＝阻力×阻力臂。于是他推断说，只要能够取得适当的杠杆长度，任何重量的东西都可以用很小的力量举起来。他甚至大胆预言："给我一个支点，我就能用杠杆撬动地球！"

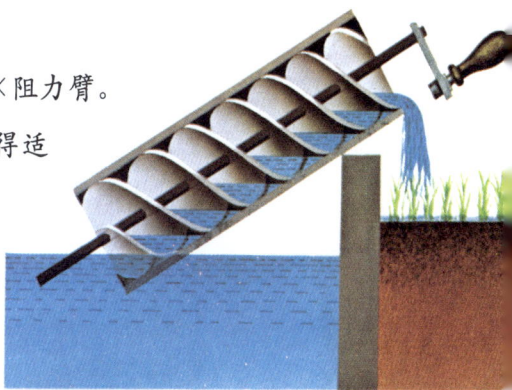

■ 在阿基米德发明了泵之后，泵被广泛地应用于生产实践中。

　　国王希望阿基米德能够证实自己的说法。这时，在叙拉古城海岸为国王建造的一艘巨大的三桅船完工了。阿基米德利用许多滑轮，只靠一个人的力量就把那艘大船拖到了海里。

　　有一次，国王要工匠们给他打造一顶金王冠。王冠做好后，国王听说工匠们在王冠中掺进了白银，便让阿基米德在不破坏王冠的情形下，鉴定王冠到底是不是纯金的。阿基米德绞尽脑汁思考这个问题，但是始终想不出解决的办法。

　　这天，他去澡堂洗澡，心里还想着王冠问题。当他慢慢坐进澡盆的时候，水从盆边溢了出来。他望着溢出来的水发呆，忽然，高兴地叫了起来："找到了！找到了！"阿基米德连衣服都来不及穿好，竟然赤着身子，从澡堂跑回家里。

原来，阿基米德已经想出了一个简便方法，可以判断王冠是不是纯金做的。他把王冠放进一个装满水的缸中，一些水溢了出来。他取出王冠，把水装满，再将一块与王冠同样重的纯金放进水里，又有一些水溢了出来。他把两次溢出的水加以比较，发现第一次溢出来的

阿基米德在洗澡时发现了浮力定律。

多，便断定王冠中掺了银子。然后，他又经过一番实验，算出了银子的重量。

当他宣布这个结果的时候，工匠们一个个惊得目瞪口呆。他们怎么也弄不清楚，为什么阿基米德会知道他们的秘密。阿基米德的这个实验，就是"液体静力学"的胚胎。但他并不停留在这一点上，继续深入研究浮体的问题，结果发现了自然科学中的一个重要原理——浮力定律。

阿基米德一生致力于研究和发明，并在数学和物理学方

面都做出了突出的贡献。在数学领域，他确定了抛物线弓形、螺线、圆形的面积以及椭球体、抛物面体等各种复杂几何体的表面积和体积的计算方法。在物理学领域，他建立了流体静力学，发展了光学，创立了机械学，发明了诸如较为原始的水泵装置，而且还发现了杠杆、滑轮和复式滑轮的工作原理。他的这些杰出贡献，极大地推动了人类文明的发展。

■ 罗马军队入侵叙拉古时，阿基米德被一名士兵杀死。

成功密码

　　阿基米德的成功，得益于细致地观察生活、善于思考和刻苦钻研。为了辨别王冠是否掺银，他在洗澡时仍然冥想苦思，结果从溢出的水中获得启发，从而发现了浮力定律。生活中处处有科学，只有用心观察、肯动脑筋，才能取得辉煌的成就。

揭开天体运行的真相
哥白尼

人物档案

姓　　名：尼古拉·哥白尼
生 卒 年：1473~1543
国　　籍：波兰
身　　份：天文学家
重大成就：创立"日心说"

　　哥白尼出生在波兰的一个富商家庭，他小时候常常独自仰望繁星密布的夜空。有一次，哥哥不解地问哥白尼："你整夜守在窗边，望着天空发呆，难道在表示你对天主的尊敬？"哥白尼回答说："不。我要一辈子研究天时气象，叫人们望着天空不害怕。我要让星空跟人交朋友，让它给海船校正航线，给水手指引航程。"

　　18岁那年，哥白尼进入克拉科夫大学学习。在这里，他

Celebrity stories

接受了数学和天文
学的教育。在当时
的欧洲，古希腊
天文学家托勒密的
"地心说"长期居
于统治地位，人们
一直认为地球是宇
宙的核心。哥白尼
研究了托勒密的著

■ 展现哥白尼理论所阐述的行星系统示意图。

作，看到了托勒密的科学研究和错误结论之间的矛盾。他认识
到，天文学的发展不应仅停留在"修补"旧说之上，而应该建
立在发现宇宙结构的新学说上。哥白尼的"日心说"可以说就
是在这时孕育起来的。

　　毕业后，哥白尼到弗洛恩堡大教堂任职。弗洛恩堡大教
堂位于波罗的海海滨的小山丘上，教堂周围建有坚固高大的城
墙，墙上有座箭楼，哥白尼就住在箭楼里。这里既是他的宿
舍，又是他观测天象的天文台。

　　无论春夏秋冬，哥白尼每天都利用自己制造的简陋仪

器，在这座小小的天文台上进行天象观测。他提出的新天文学理论，依据的主要是观测得来的数据。此外，哥白尼还把古希腊和阿拉伯天文学家观测的数据当成参考资料，在应用前都做一番详细的考订和校勘工作。哥白尼的研究工作既复杂又艰巨，但他却不怕苦不怕累，在这座塔上一干就是30年，终于整理出了他毕生的研究成果——《天体运行论》。

哥白尼在书中明确提出：地球不是宇宙的中心，太阳才是宇宙的中心；地日距离与众恒星所在的天穹的高度相比是微不足道的；天穹周日旋转的视现象是由于地球绕其自转轴每天旋转一周所致；太阳在地球上的周年运动并不是由于它本身在运动，而是因为地球像其他行星一样绕着太阳公转而造成的。

由于"日心说"与教会宣扬的"上帝创造一切"的理论相冲突，所以哥白尼时常受到教会的威胁和迫害。几位相继就任的大主教都认定哥白尼是个"叛教者"，直到哥白尼临终时，身边还有

■ 哥白尼在讲解自己的新学说。

教会派来的密探和奸细。尽管环境很险恶，但哥白尼并没有妥协。1541年，他将著作交给朋友付印。

哥白尼的"日心说"问世后，纠正了托勒密的"地心说"观点，从根本上动摇了欧洲中世纪宗教神学的理论基础。它标志着自然科学与神学的分离和独立，天文学从此进入了近代科学的大门。

■ 哥白尼素描画像。

成功密码

哥白尼从小就喜欢研究天文，对天文学研究保持着高度的兴趣。在发现"地心说"的错误后，他敢于挑战权威理论，不畏宗教势力的威胁，毅然以科学求实的态度和非凡的勇气提出了"日心说"。这种勤奋好学、追求真理、不屈不挠的精神，使他名扬天下。

近代科学之父
伽利略

Galileo

人物档案

姓　　名：伽利略·伽利雷

生 卒 年：1564～1642

国　　籍：意大利

身　　份：物理学家、天文学家、哲学家

重大成就：推动了近代实验科学的发展

伽利略出生于意大利的古城比萨。他自幼就对数学、机械、绘画、音乐产生了浓厚的兴趣。17岁时，伽利略按照父亲的意愿，走进了比萨大学医学系的课堂。在大学里，伽利略刻苦学习、勤学好问，哪怕是一个人们司空见惯的现象，他也要问一个为什么。

一次，伽利略站在比萨的教堂里，眼睛盯着天花板一动也不动。原来，他用右手按着左手的脉搏，看着天花板上摇摆不定的灯，他发现，灯

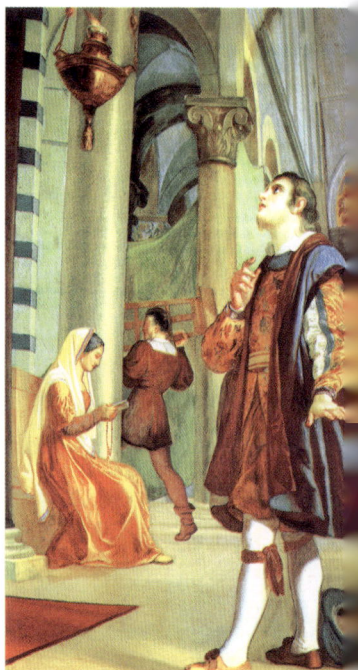

■ 在教堂里，伽利略正在观察悬挂着的摆动吊灯。

的摆动虽然越来越弱，但每次摇摆需要的时间却是一样的。于是，他根据这个提示做了一个摆锤实验，从中找到了摆的规律。后来，人们根据这个规律造出了挂摆时钟。

然而，因家境贫困，伽利略不得不提前离开大学。失学后，他仍在家里刻苦学习。经过深入的研究之后，伽利略对亚里士多德的落体学说产生了怀疑。亚里士多德认为：物体越重，下落的速度越快。而伽利略却认为：如果两个不同重量的物体，从同一高处下落，只要它们所受的空气阻力和风力相同，那么两者将会同时落地。

伽利略的质疑引起了人们的反感，因为在过去的2000多年中，人们一直将亚里士多德当成真理的代言人。于是，伽利略选择了比萨斜塔做实验场地，决定当众进行实验。实验这天，塔下站满了前来观看的人。大家议论纷纷，有

■ 伽利略发明了天文望远镜，这为研究星空创造了条件。

Celebrity stories

人讥笑他，认为他疯了，竟然敢挑战亚里士多德。

　　这时，伽利略和他的一名助手拿着分别为10磅和1磅重的两个铁球，登上了斜塔。伽利略站在塔的最高层，两手各拿一个铁球，大声喊道："下面的人看清楚啦，铁球落下去了。"说完，他把两手同时张开。人们看到，两个铁球平行下落，几乎同时落到了地面上。那些讥笑他的人顿时目瞪口呆。伽利略的这次实验，揭开了落体运动的秘密，推翻了亚里士多德的学说。

　　一天晚上，伽利略拿起自制的望远镜对准了月亮，发现月亮上面有高山、深谷，还有火山的裂痕。从那以后，伽利略几乎每晚都用望远镜观察天空，探索宇宙的奥秘。他发现，太阳里面有黑点，这些黑点的位置在不断地变动。由

Celebrity stories

此，他断定太阳本身也在自转。后来他在观察木星时，还发现木星有4颗较大的卫星，并且它们在绕着木星公转。

伽利略通过不懈的观察，以无可辩驳的事实生动地说明：地球在围着太阳旋转，而太阳不过是一颗普通的恒星；所有的恒星都是像太阳那样的巨大天体；宇宙间的一切天体都在运动之中。他用观察到的事实有力地证明了哥白尼的学说是正确的。

1610年，伽利略的著作《星空使者》出版了。人们惊讶地说："哥伦布发现了新大陆，伽利略发现了新宇宙。"

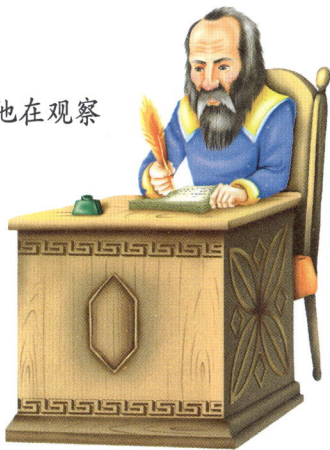

成功密码

伽利略在学术研究上信奉真理、严谨求实，敢于挑战权威理论。他重视利用科学实验的方法得出结论，这令他的研究成果更经得起实践的检验。同时，他注意观察各种自然现象、善于思考，因而取得了惊人的成就，被誉为"近代科学之父"。

天空的立法者
开普勒

Kepler

人物档案

姓　　名：约翰内斯·开普勒

生 卒 年：1571～1630

国　　籍：德国

身　　份：天文学家

重大成就：提出了著名的行星运动三定律

开普勒出生于一个平民家庭。他在童年时代遭遇了很大的不幸，4岁时患上了天花和猩红热，虽侥幸死里逃生，健康却受到了严重的影响：视力衰弱，一只手半残。身体上的缺陷影响到小开普勒的学习，他必须比其他人付出更多的努力，才能完成功课。不过，他靠着顽强的进取精神，考上了著名的图宾根大学。

大学期间，开普勒对天文学产生了浓厚的兴趣。他受到天文学教授麦斯特林的影响，成为哥白尼"日心说"的拥护者。大学毕业后，开普勒当上了格拉茨大

学的数学和天文学讲师。当时讲师的薪水很低，开普勒不得不靠编制占星历书来养家糊口。占星术是一门伪科学，开普勒不信这一套，他曾为从事此项工作自我解嘲说："作为女儿的占星术若不为天文学母亲挣面包，母亲便要挨饿了。"

后来，席卷德国的宗教战争蔓延开来，开普勒先后丧子、丧妻，他的生活由于家庭的变故和战争的影响而变得越来越阴暗，贫苦与病痛伴随这位伟大的天文学家度过了一生。

1600年，开普勒贸然给素不相识的丹麦天文学家第谷写信，把自己研究天文学的成果和想法告诉了第谷。第谷非常欣赏他的才华，便邀请他来当自己的助手。从那以后，开普勒利用第谷多年研究得出的数据来探索有关各行星运动轨迹的新理论，并且利用这些研究结果去支持哥白尼的理论。在第谷的帮助和指导下，开普勒的学术研究有了巨大的进步。

■ 星盘是开普勒观测天象时常用的仪器。

对火星轨道的研究是开普勒研究天体运动的起点。开普勒为了确定火星轨道，进行了无数次的思索、计算，他把这次艰苦的计算愉快地比喻为"征服与战胜火星的战斗"。开普勒忠于实测数据，一丝不苟，通过几年的研究，终于将火星轨道确定为椭圆，并用三角定点法测出地球的轨道也是椭圆形的，断定它们运动的线速度跟它们与太阳的距离有关。

1609年，开普勒出版了《新天文学》一书，提出了著名的开普勒第一和第二定律。接着，他又用10年的时间，发现并提出了第三定律。哥白尼的学说认为天体绕太阳运转的轨道是圆形的，且是匀速运动的。开普勒第一和第二定律恰好纠正了哥白尼上述观点中的错误，极大地发展了哥白尼的"日心说"，使"日心说"更接近于真理，彻底地否定了统治千百年的托勒密的"地心说"。开普勒还指出,行星与太阳之间存在着相互作用力,其作用力的大小与二者之间的距离长短成反比。

　　开普勒不仅为哥白尼的"日心说"找到了数量关系,更找到了物理上的依存关系,使天文学假说更符合自然界本身的真实情况。开普勒所发现的行星运动定律"改变了整个天文学",为后来牛顿发现万有引力定律奠定了基础。

■ 开普勒作为第谷的助手时生活在美丽的布拉格。

成功密码

　　开普勒成功的因素很多,但最重要的一点是他拥有坚忍不拔的顽强意志。开普勒一生贫病交加,动荡不安,但他并没有被困难打倒。相反,不幸的生活培养了他坚强的意志,让他在艰难的科学研究中走得更远。因此,他的成才也就成为必然。

揭开人体血液秘密的医生
哈维

Harvey

人物档案

姓　　名：威廉·哈维
生 卒 年：1578～1657
国　　籍：英国
身　　份：生理学家
重大成就：发现了血液循环规律和心脏功能

　　哈维出生在肯特郡的福克斯通镇，他从小就立志研究医学。长大后，哈维进入意大利的帕多瓦医科大学，在著名的解剖学家法布里克斯的指导下学习。由于他刻苦努力，积极实践，因而被同学们誉为"小解剖家"。

　　在意大利学医期间，哈维经常去听著名科学家伽利略讲授的力学和天文学课程。伽利略注重实验的做法对哈维影响极大，他

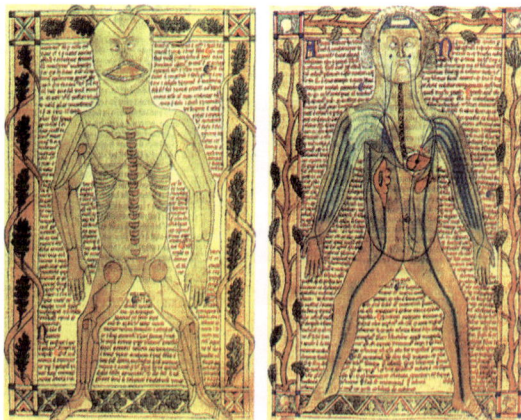

■ 古代医学家对人体的认识还有很大的局限性。

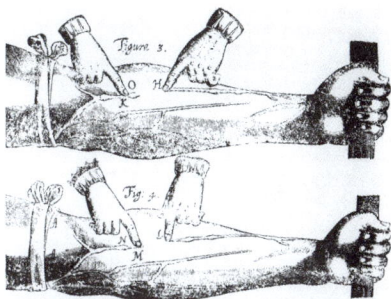

意识到，无论是教解剖学或是学解剖学，都应以实验为根据，而不应当以书本为根据。这为他日后研究医学，发现人体的血液循环奠定了基础。

哈维的实验：在肘关节的上方用绷带扎紧，使静脉膨胀，从而可观察到静脉中血液流动的情形。

关于血液循环，当时人们推崇古罗马神医盖仑的观点：血液在人体内像潮水一样流动之后，便消失在人体四周。由于盖仑名望极高，因此千百年来人们都把他的这一理论奉为真理。当时的基督教会还把这种理论和托勒密的"地心说"一起神化，纳入了基督教义。

然而，面对这种统治欧洲的权威理论，哈维没有盲从；面对教会火刑的威胁，哈维没有却步。他问自己："血液真的流到人体四周就消失了吗？怎么会消失呢？"哈维决定通过实验寻找答案。他用兔子和蛇反复做实验，他把它们解剖开来，然后用镊子夹住其还在跳动的动脉血管，结果发现血管通往心脏的一头很快膨胀起来，而另一端马上瘪了下去，这说明血是从心脏里向外流出来的。

Celebrity stories

哈维又用镊子夹住动物心脏附近的腔静脉，发现靠近心脏的那一段血管瘪了下去，而远离心脏的另一端膨胀起来，这说明静脉血管中的血是流向心脏的。

为了有力地驳倒权威，哈维把数学引进生理学研究。他估计心脏每次跳动的排血量大约是两盎司（约56.7克），由于心脏每分钟跳动72次，所以用简单的乘法运算就可以得出结论：每小时大约有540磅（约244.6千克）血液从心脏排入主动脉。但是540磅远远超过了血液本身的重量，甚至远远地超过了一个正常人的体重。

按照盖伦的血液涨潮落潮理论，"潮水"

■ 哈维正在进行解剖实验。

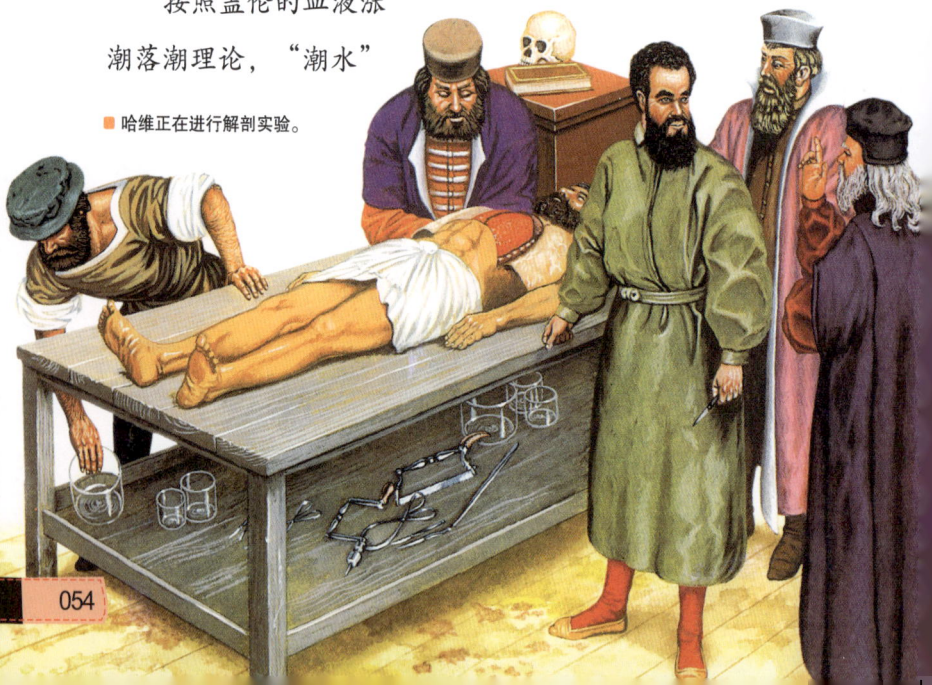

居然比容纳它的人体还重，这显然是不对的。因此哈维判断，一定是血液在循环流动。为搞清血液循环的路径，哈维研究了心脏的结构。他发现，人的心脏共分四个腔，腔与腔之间由一个只准单向通过的瓣膜分开，因此，血液的循环是单向的。

■ 哈维提出了血液循环理论。

根据严谨的实验，哈维提出了血液循环的正确学说。1628年，哈维出版了他的血液循环论著《心血运动论》。无数的病人因其书中的理论而得以康复，哈维的名字也被永远地刻在了医学史的里程碑上。

成功密码

哈维敢于怀疑和挑战权威理论，相信真理。同时，他善于思考，注重实践，终于通过严谨的实验和反复的论证，证明了传统医学理论中的错误。他凭着对科学的坚贞信念和不屈的求实精神，对错误理论进行反驳与纠正，最终开启了现代医学的新纪元。

科学巨人
牛顿

Newton

人物档案

姓　　　名：艾萨克·牛顿

生 卒 年：1643～1727

国　　　籍：英国

身　　　份：物理学家、天文学家和数学家

重大成就：建立完美的力学理论体系

　　牛顿是英国著名物理学家，被世人尊称为经典物理学大师。少年时的牛顿并不是神童，他资质平常，成绩一般。但他善于思考，并有极强的动手能力，课余时间喜欢制作机械模型，如风车、水车、日晷等。

　　进入大学后，牛顿对物理学和数学产生了浓厚的兴趣。他利用自制的三棱镜分析出太阳光的七种色彩，并发现各种单色光存在曲折率的差异。他还创立了微积分的方法，并将

Celebrity stories

其广泛应用在物理和几何学上。

有一天，牛顿坐在一棵苹果树下思考问题。忽然，一个熟透的苹果从树上掉在了地上。"地球周围是一个多么大的空间啊，苹果为什么会落到地上，而不会飞到空中呢？"牛顿盯着苹果陷入了沉思。

牛顿通过苹果落地，联想到所有的东西一旦失去支撑必然会坠下。随后，他发现任何两物体之间都存在着吸引力，而这种引力与距离的平方成反比，由此，牛顿总结出著名的万有引力定律。另外，牛顿亦在伽利略等人工作的基础上进行了

■ 陈列于剑桥大学三一学院的牛顿雕像。

深入研究和大量的实验，最后总结出三大运动定律，奠定了经典力学的基础。牛顿也因此成为经典物理学的创始人。

牛顿除了在数学、光学、力学等方面做出卓越贡献外，还花费大量精力进行化学实验。他常常待在实验室里，废寝忘

Celebrity stories

食地工作。有一次，牛顿请他的一个朋友吃午饭。朋友来了，饭菜也已经摆上餐桌，但是还在实验室里埋头工作的牛顿却完全忘了这件事。朋友等了好久也不见他出来，就毫不客气地自己动手把一只烧鸡吃掉了，鸡骨头仍留在盘子里。他吃饱后便和衣靠在椅子上打起盹来。

不知过了多久，牛顿满头大汗急匆匆地从实验室里跑出来。原来，他的研究终于有了结果。他叫醒朋友，一面道歉，一面走向桌子准备吃饭。可一转身，他看到了盘子里的鸡骨头，便拍着自己的脑袋说："哦，瞧我这记性，原来我已经吃

■ 热衷于科学研究的牛顿一生都在孜孜
  不倦地工作着。

过了，我还以为没有吃饭呢!"牛顿因为工作时全神贯注，所以经常会闹出这一类的笑话。就因为他这样专注于工作，所以还不满30岁，便已是满头白发了。

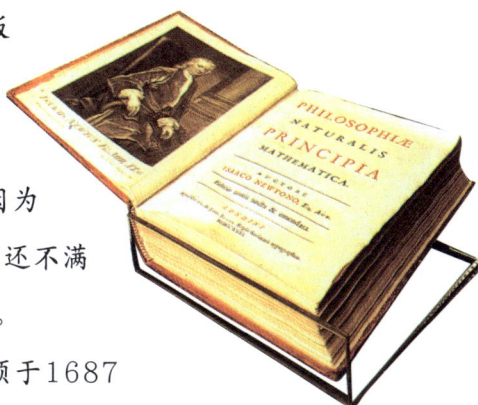

经过多年研究，牛顿于1687年出版了《自然哲学的数学原理》一书。这部巨著以牛顿的三大运动定律和万有引力定律为基础，建立了完美的力学理论体系，确立了牛顿在科学史上举足轻重的地位。

■《自然哲学的数学原理》书影。

成功密码

苹果落地是寻常的自然现象，但牛顿却能由此受到启示，从而发现万有引力定律。究其原因，是因为他善于观察和思考。牛顿虽然天赋不高，但他通过勤思苦学，废寝忘食地工作，最终成为首屈一指的科学家，取得了举世瞩目的成就。

揭开雷电的秘密
富兰克林

人物档案

姓　　名：本杰明·富兰克林

生 卒 年：1706～1790

国　　籍：美国

身　　份：科学家、思想家

重大成就：揭开雷电产生之谜

富兰克林童年时由于家境贫寒，10岁便辍学回家做工。12岁那年，他到哥哥经营的小印刷所里当学徒。在那里，他当了近10年的印刷工人，可是从未间断过学习。

利用工作之便，富兰克林结识了几家书店的学徒，在他们的帮助下，富兰克林将书店的书在晚间偷偷地借出来，通宵达旦地阅读。通过广泛阅

■ 富兰克林正在潜心研读。

读，文学、历史、社会学、数学等各种知识源源不断地涌进他的脑海，从而为他成为影响世界的科学家做了充分准备。

1742年冬季，宾夕法尼亚州天气奇寒。中下层人民苦于

老式火炉耗费燃料太多，只好在寒冷中瑟瑟发抖。这时，富兰克林发明了新式火炉，只要用老式火炉四分之一的木柴，就能让室内加倍温暖。所以这种火炉刚一上市，就成为畅销的"快货"。

宾州州长汤麦斯要为富兰克林颁发专利证书，富兰克林却说："不，不要。我以自己

在18世纪，人们认为雷电是"上帝之火"。

的发明能为别人服务而感到高兴，并且我自愿做这种为人类改善生活的事。"富兰克林的辞谢如空谷足音，州长先生听后，深表钦佩。富兰克林把人民的需要作为科研的动机，用自己的发明造福于人类，因而在群众中享有崇高威望。

在18世纪的美国，人们对雷电现象还无法做出合理的解释，于是他们将雷电称为"上帝之火"。为了揭开雷电的真相，富兰克林决定做一项实验。1752年雷电交加的一天，富兰克林和他的儿子带着一个特制的风筝来到费城郊外，准备用

风筝接引雷电。这个风筝的顶端装了一根小尖铁棒，风筝线是用细麻绳做成的。麻绳末端分出一支，系上一片铁钥匙。

当风筝在风雨中扶摇直上时，富兰克林的心里很紧张，他明白这种实验的危险性，但是他宁肯为科学献身，也绝不向迷信和愚昧屈服。他嘱咐儿子站得远一点，并说："万一发生不幸，你替我填写好实验报告，为科学研究积累资料。"

随着雷鸣电闪，风筝绳上的纤维毛渐渐飞动起来了。富兰克林把能够存储电的莱顿瓶接到风筝绳下端系着的铁钥匙

上，莱顿瓶一下就充上电了。"充电"证明云中的闪电与人工摩擦所得的电一样，绝非神物。富兰克林兴奋极了，他飞快地跑回家写出了实验报告。

后来，富兰克林还发明了避雷针来保护高大的建筑物。富兰克林伟大的献身精神粉碎了世界上最古老的迷信堡垒，为唯物主义世界观的确立做出了贡献。法国著名科学家达兰贝尔赞美他说："在天上，他征服了雷电。"

成功密码

富兰克林的成才之路清晰可寻。首先，他没有因为家境贫寒而放弃学习，而是创造一切条件博览群书，为日后的科学研究奠定基础。其次，他能为探索科学的未知领域付出极大的勇气，能不顾个人安危，冒险进行"捕捉"雷电的实验。正因如此，富兰克林最终成长为一位伟大的科学家。

化学革命家
拉瓦锡

人物档案

姓　　名：安东·尼罗朗·拉瓦锡

生 卒 年：1743~1794

国　　籍：法国

身　　份：化学家

重大成就：阐述了燃烧的氧化学说

拉瓦锡出生于巴黎一个富裕的律师家庭。长大后，他放弃了自己所学的律师专业，为深爱的自然科学奉献了一生。

18世纪70年代，许多化学家都认为，空气中存在一种燃素，物质在加热时，燃素并不能自动分解出来，必须由外来的空气将其中的燃素吸取出来，燃烧过程才能实现。不过

■ 拉瓦锡和他的妻子。

拉瓦锡并不接受这种观点，于是他开始做起了实验。

拉瓦锡称量了定量的白磷，将其点燃。他发现燃烧后的灰烬质量竟然增加了！他又燃烧硫黄，发现灰烬的质量仍然大于硫黄的质量。拉瓦锡想："一定是什么气体被白磷和硫黄吸收了。"

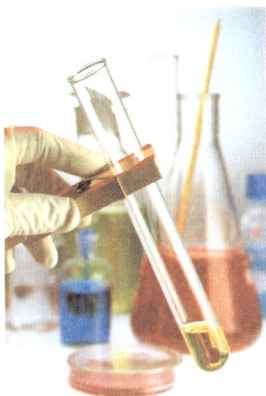

■ 常见的化学剂品。

为了证明这种推断，拉瓦锡将白磷放在水银面上，上面扣一个钟罩，钟罩里保留一部分空气供白磷燃烧。当水银加热到40℃时，白磷马上燃烧起来，水银面则开始上升。拉瓦锡发现，白磷增加的重量和所消耗的1/5容积的空气重量基本接近。

为了得到能够帮助物质燃烧的气体，拉瓦锡又开始加热水银。结果发现，随着红色的水银渣的生成，空气的体积减少了1/5。他将燃烧着的木块放进钟罩里，火立刻熄灭了。他又捉了一只苍蝇放进去，苍蝇很快就死了。

拉瓦锡想知道减少的1/5的气体跑到哪里去了，于是又对水银渣继续加热，结果从水银渣里还原出水银，并释放出了大量气体，这种气体比一般空气更有利于燃烧。那么，燃烧着的木块为什么会熄灭？苍蝇为什么会死？为了找到答案，拉瓦锡又把麻雀放进钟罩里，里面是普通的空气，结果这只麻雀55分钟后就晕倒了。他把麻雀从钟罩里取了出来，过了片刻，麻雀又苏醒过来了。

拉瓦锡继续做实验：他拿来两杯澄清的石灰水，然后把钟罩里的空气用管子输送到一杯石灰水里，他发现石灰水迅速变浑浊了；他把金属焙烧后剩下的空气输送到另一杯石灰水里，石灰水却没有变浑浊。

通过这些实验，拉瓦锡断定，呼吸是动物从空气中吸入"生命的空气"——"活空气"，呼出能使石灰水变浑的"化合空气"。生命机体的呼吸就像燃烧一样，要是没有"活空气"，动物就不能存

■ 拉瓦锡画像

活，物质也无法燃烧。拉瓦锡推断这种"活空气"是所有酸中必不可少的元素，因此将其命名为"氧"，含义是酸的形成者。

1778年，拉瓦锡提出，燃烧是可燃物质与氧发生氧化反应，可燃物质在燃烧过程中吸收了氧而增重，所谓的"燃素"实际上是不存在的。拉瓦锡关于燃烧的氧化学说终于使人们认清了燃烧的本质，它科学地解释了许多化学反应的实验事实，为化学发展奠定了重要的基础。

■ 燃烧是可燃物跟空气中的氧气发生的一种发光发热的剧烈的氧化反应。

成功密码

拉瓦锡成才的原因是多方面的。首先，他批判地继承前人的学术成果，敢于进行理论上的革命。其次，他善于进行分析推理，提出新的学术思想。在实验中他除了细致的观察外，还善于捕捉化学反应中各种物质变化的相互联系，不被表面现象所迷惑，因而才成功地攀登上了科学巅峰。

数学王子
高斯

Gauss

人物档案

姓　　名：卡尔·弗里德里希·高斯

生 卒 年：1777～1855

国　　籍：德国

身　　份：数学家、天文学家

重大成就：创造正十七边形的尺规作图理论与方法

高斯出生在德国的一个贫苦家庭，父亲是一名园丁，母亲是石匠的女儿。高斯很早就展露出过人的才华，他在3岁时就能指出父亲账册上的错误。

1785年，8岁的高斯进入小学。有一天，老师给学生们出了一道算术题。他说："你们算一算，1加2加3，一直加到100，等于多少？谁算不出来，就不准回家吃饭。"说完，他就坐在一边的椅子上，用目光巡视着趴在桌上演算的学生。

不到一分钟的工夫，小高斯就向老师报出了正确答案——

■ 高斯画像。

5050。老师很惊奇，就问小高斯："你是怎么算的？"小高斯回答说："我发现一头一尾的两个数的和都是一样的：1加100得101，2加99得101，3加98也得101……把一前一后的数相加，一共有50个101，因此答案就是5050。"

小高斯的算法确实很巧妙，通过这件事，老师发现了高斯的数学才华。他知道自己的能力不足以教高斯，就从汉堡买了一本较深的数学书送给高斯，让他自学。

1795年，高斯进入哥廷根大学学习数学和语言。到了1796年，19岁的高斯取得了一个数学史上极为重要的成果，

即正十七边形尺规作图之理论与方法，解决了两千多年来一直没有解决的一个世界难题。1799年，高斯提交了他的博士论文，在论文中证明了代数学中的一个重要定理：任一多项式都有（复数）根。这个结论被称为"代数学基本定理"。

高斯24岁那年，天文界在为火星和木星间庞大的间隙烦恼不已，认为火星和木星间应该还有行星未被发现。1801年，意大利的天文学家皮亚齐发现在火星和木星间有一颗新星，它被命名为"谷神星"。天文学界争论不休，有人说这是行星，有人说这是彗星，必须继续观察才能判断，但是皮亚齐只能观察到它9°的轨道，之后，它便会隐身到太阳后面。因此天文学家们无法知道它的轨道，也无法判定它是行星还是彗星。

高斯对这个问题产生了兴趣，他决定解决这个捉摸不透的星体轨迹的问题。高斯独创了通过三次观察，就可以计算星球轨道的方法，极准确地预测出行星的位置。果然，谷神星准确无误地在

高斯预测的地方出现。这个方法就是"最小平方法"。

1802年，他用同样的方法预测出了小行星二号——智神星的位置。由于高斯在数学、天文

■ 担任天文台台长时的高斯。

学、物理学等领域都做出了杰出的成就，因此他被选为众多科学院和学术团体的成员，而"数学王子"这一称号更是对他的成就做出的恰如其分的评价。

成功密码

高斯从小聪明伶俐，很早就显露出了超人的数学天赋。上学时，他凭着善于思考的头脑与不拘于俗套的思维，一步步脱颖而出。在涉足数学、天文学等领域时，他凭借出众的分析能力和独特的创造力，最终走进科学的最高殿堂。

铁匠之子成长为电学之父
法拉第

人物档案

姓　　名：迈克尔·法拉第
生 卒 年：1791～1867
国　　籍：英国
身　　份：物理学家、化学家
重大成就：确立电磁感应的基本定律

　　法拉第诞生在英国一个普通的铁匠家庭里，由于生活所迫，他12岁就辍学去一个订书铺当学徒。这时他并没有表现出有什么超人的天资，只是非常喜欢读书，对于根本读不懂的专业书籍，他也能够不厌其烦地读下去。

■ 法拉第在实验室里工作的情景。

法拉第很喜欢读实验化学方面的书，但要读懂它们并不容易。法拉第没有在困难面前止步，读不懂就去做实验。他把每周很少的零用钱节省下来，购买最简单的化学实验仪器，参照书上讲的步骤一个接一个地做了许多实验。这引起了他对化学的浓厚兴趣，使他立志要当一名化学家。

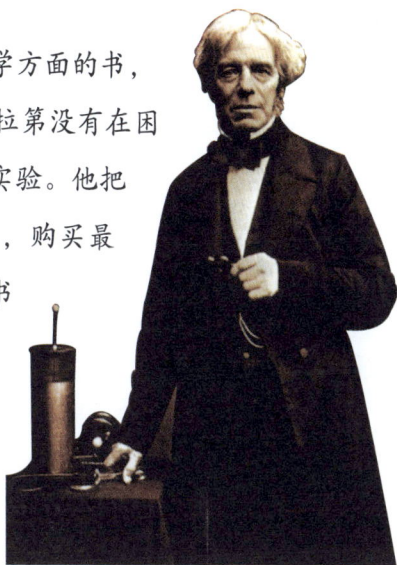

■ 法拉第肖像画。

有一天，一位顾客来订书铺办事，听说法拉第酷爱科学技术，就送给他一张皇家学院戴维教授化学演讲的入场券。法拉第认真地听了戴维教授的四次演讲，他把听课笔记整理好，并亲手画上彩色插图，接着用自己高超的装订技术装订成一本漂亮的书。随后，法拉第写了一份要求给戴维教授当助手的申请书，把笔记和信一并寄给了戴维教授。

戴维教授看了法拉第的笔记和信以后，被这个小伙子强烈的求知欲和认真细致的做事态度打动了。不久，他满怀热

■ 法拉第非常善于做科学记录。
图为他手稿中的一页。

忱地写了回信，同意让法拉第做自己的助手。从此，法拉第结束了7年的订书匠生活，迈进了科学研究的大门。这是他一生中的重要转折点。

最开始，法拉第的工作仅是保管实验用的仪器。后来由于他出色的表现，法拉第正式成为戴维的实验助理。1830年，法拉第开始研究磁转化成电的奥秘。他把磁石安插在一个铜线圈里，但是得不到结果。他又以一根通了电流的铜线挨近一根没有通电流的铜丝，然后又换了一个大磁石，接着再采用各种不同的连接方式，这一切都没有使铜线上产生出电流来。

不怕失败的人终究会成功的。1831年10月17日，法拉第准备了一根长圆柱形磁石，将一根很长的铜线绕在中空的圆筒上，在铜线两端串接一个电流计。他将磁石的一端挨近铜线，这时电流计的指针没有移动。他又迅速地把磁石完全插入铜线圈内，电流计的指针突然动起来了。法拉第惊喜极了。他试了一次又一次，终于找出了"转磁为电"的方法，并且引入了磁力线的概念，总结出了电磁感应定律。

由于法拉第找到了一种崭新的能源——电，使得以后电灯、电视等电气化产品有了产生的可能，所以他被后人称为"电学之父"。

法拉第纪念馆。

成功密码

从一个贫困的铁匠之子，到伟大的电学之父，法拉第走过了怎样的路？怀着对科学的热爱，他刻苦学习，自学成才；做学徒时，他把握住改变命运的最好时机，毛遂自荐，使自己成为戴维教授的助手，从此步入科学领域。正是凭借着刻苦钻研、孜孜以求的精神，法拉第才能取得如此卓越的成就。

进化论的创立者
达尔文

Darwin

人物档案

姓　　名：查理·罗伯特·达尔文
生 卒 年：1809～1882
国　　籍：英国
身　　份：生物学家
重大成就：著有《物种起源》，提出全新的生物进化理论

英国生物学家达尔文自幼就喜欢钓鱼、打猎，还常常去采集植物及昆虫标本。他认为自然界里藏着太多的奥秘和乐趣。大学毕业后，达尔文全身心地投入到了自己热爱的自然科学研究中。

1831年，英国政府组织了"贝格尔"号军舰的环球考察活动。达尔文以"博物学家"的身份自费搭

■ 正伏案工作的达尔文。

■《物种起源》书影。

船，开始了4年零10个月的环球航行。海洋航行和陆上考察是非常艰苦的，达尔文经受了晕船、疾病、缺水、风暴等众多考验，认真地坚持着考察研究。

每到一地，达尔文总要访问当地的居民，有时请他们当向导，爬山涉水，采集矿物和动植物标本，挖掘生物化石。在此过程中，达尔文发现了许多没有记载的新物种。1832年1月，"贝格尔"号停泊在大西洋中佛得角群岛的圣地亚哥岛。达尔文和他的助手背起背包，拿着地质锤，爬到山上去收集岩石标本。

在考察过程中，达尔文根据物种的变化，整日思考着一些问题：自然界的奇花异树、人类万物究竟是怎么产生的呢？它们为什么会千变万化？彼此之间有什么联系？这些问题在脑海里越来越深刻，逐渐使他对神创论和物种不变论产生了怀疑。

1832年2月底，"贝格尔"号到达巴西，达尔文上岸考察，向船长提出要攀登南美洲的安第斯山。当爬到海拔4000多米的高山上时，达尔文意外地在山顶上发现了贝壳化石。达尔文非常吃惊，心想："海底的贝壳是怎么跑到高山上的？"经过反复思索，他终于明白，这是地壳升降造成的。达尔文脑海中一阵翻腾，他对自己的猜想有了更进一步的认识：物种不是一成不变的，而是随着客观条件的不同而相应发生变异！

通过这次环球考察，达尔文积累了大量的资料。回国后，他一面整理这些资料，一面又深入实践，同时查阅大量书籍。1859年11月，达尔文经过20多年研究写成的科学巨著《物种起源》终于出版了。

在这部书里，达尔文旗帜鲜明地提出了"进化论"的思想：物种都处在不断的变化之中，经历着由低级向高级、由简单到复杂的发展过程。他还大胆断言，人类

■ 达尔文的进化论让人们重新认识了多彩缤纷的生物界。

与猴子有很密切的亲缘关系。进化论让人们认识到，人是从动物进化来的，而不是由神创造的，使生物学向前迈进了一大步。恩格斯将进化论列为19世纪自然科学的三大发现之一。

■ 达尔文的进化论认为：人是由猿猴进化而来的。

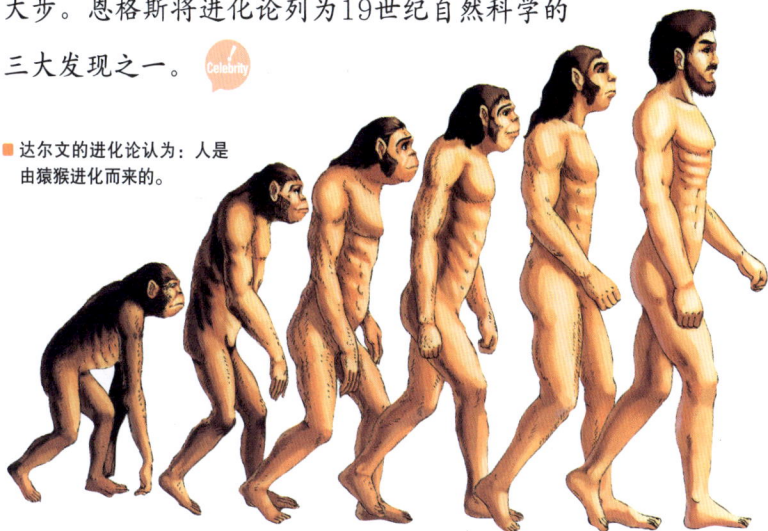

成功密码

"兴趣是最好的老师"。达尔文的成功，首先就在于他喜欢研究自然科学，积极探求自然界的奥秘。其次，达尔文不怕艰辛，进行了大约5年的航海考察。在掌握大量的资料后，他勇于冲破神学的束缚，提出震惊世人的进化论。凭着这些可贵的品质，达尔文终于成就一番轰轰烈烈的事业。

Pasteur

战胜细菌的科学斗士
巴斯德

人物档案

姓　　名：路易·巴斯德

生 卒 年：1822~1895

国　　籍：法国

身　　份：微生物学家、化学家

重大成就：开创了微生物生理学

　　巴斯德小时候并不聪明，但他有一种永不满足的好奇心，对任何问题都要追根问底。凭借这个优点，巴斯德以优异的成绩考入巴黎高等师范学校，攻读化学专业。

　　在巴黎求学时，巴斯德的课余时间差不多都是在图书馆

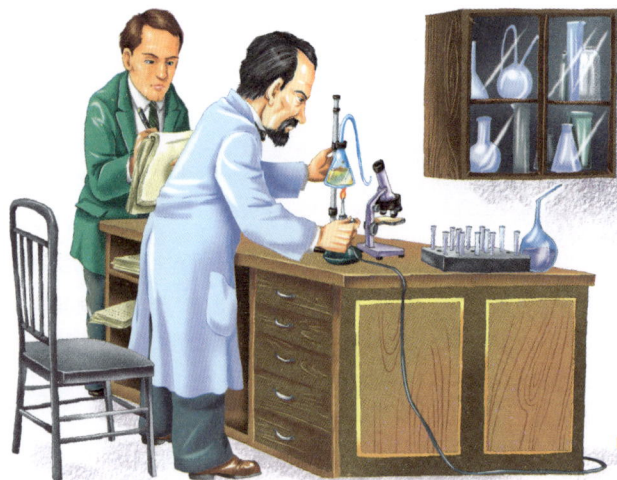

■ 巴斯德正在专注地做实验。

■ 法国政府建立了巴斯德研究所，以实现巴斯德要把法国变成全世界研究传染病的中心这一愿望。图为巴斯德研究所。

和实验室里度过的。一天，巴斯德在图书馆里读到一篇关于酒石酸和消旋酒石酸结晶的文章。他对此产生了浓厚的兴趣，于是找来很多图书，从什么是酒石酸开始研究。大学毕业后，巴斯德在法国公立中学执教，继续研究酒石酸。

当时，法国酿酒业面临一个令人头疼的问题：啤酒在酿出后常会变酸，根本无法饮用。这使酿酒商叫苦不迭，有的甚至因此而破产。巴斯德决心解决这个难题。经过长期的观察和分析，他发现使啤酒变酸的罪魁祸首是乳酸杆菌。虽然采取煮沸法就能杀死乳酸杆菌，但这样一来，啤酒也就被煮坏了。

经过反复研究和试验，巴斯德得出结论：在50~60℃的温度下加热啤酒半小时，就可以杀死啤酒里的乳酸杆菌。这一方法挽救了法国的酿酒业，被称为"巴氏灭菌法"。很快，"巴氏杀菌法"便应用在各种食物和饮料上。

1881年，巴斯德开始着手研究狂犬病。狂犬病虽不是一种常见病，但当时的死亡率高达100%。从科学实践中，巴斯德知道有侵染性的物质经过反复传代和干燥，其毒性会减少。巴斯德将分离得到的病毒多次注射给兔子后，再将这些减毒的液体从兔子体内提取出来注射给狗，以后狗就能抵抗正常强度的狂犬病毒的侵染。

1885年，一个男孩被狂犬咬伤14处，医生诊断后宣布他生存无望。于是，心急如焚的家长把男孩送到巴斯德那里进行抢救。巴斯德给这

■ 巴斯德在实验室里观察牛奶发酵的现象。

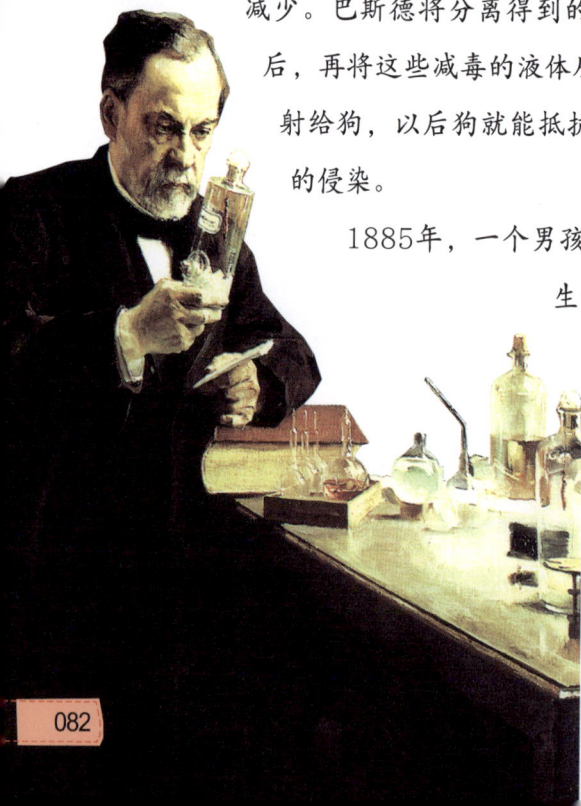

个孩子注射了毒性减到很低的提取液，然后再逐渐用毒性较强的提取液注射。巴斯德的想法是，在狂犬病的潜伏期过去之前，身体能产生抵抗力。果然孩子得救了，巴斯德也于1889年发明了狂犬病疫苗。

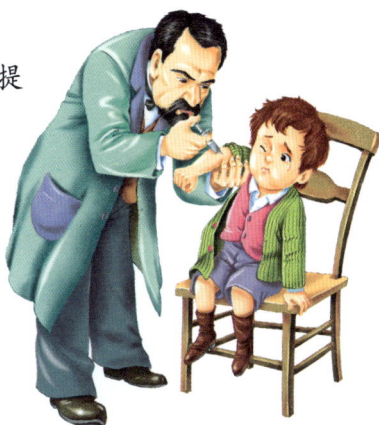

　　巴斯德取得的巨大成就成为千万人的福音。在他70岁那年，法国科学院赠送给他一枚寿辰纪念章，正面是他的半身侧面像，背面则有"巴斯德先生70寿辰纪念"，落款是两行小字："感谢你为法兰西，感谢你为全人类。"

成功密码

　　巴斯德是近代微生物学的奠基人。与其他成功的科学家一样，勤学好问、刻苦钻研、富于创造是巴斯德成才的重要因素。巴斯德虽然资质平常，但他善于观察和发现，能从最细微处揭开事物发展变化的本质。最重要的是，他能够将研究成果转化到实践领域，为全人类带来福音。

发现元素周期律
门捷列夫

Mendeleev

人物档案

姓　　名：德米特里·伊凡诺维奇·门捷列夫
生 卒 年：1834~1907
国　　籍：俄国
身　　份：化学家
重大成就：发现了元素周期律

门捷列夫是俄国化学家。1857年，他在担任大学教师的时候，负责讲授化学基础课。在当时的化学界，自然界到底有多少元素，元素之间有什么异同，存在什么内部联系，这些问题正处于探索阶段。门捷列夫毫无畏惧地冲入这个领域，开始了艰难的探索工作。

门捷列夫在卡片上写上元素符号、原子量、元素性质及其化合物，然后把它们钉在实验室的墙上进行系统排列。研究不断地失败，但门捷列夫没有屈服和灰心。为了解更多、更准确的元素特性，门捷列

夫去国外进行了10年左右的深造和研究。

回到国内，门捷列夫继续研究他的卡片。他把重新测定过原子量的元素，按照原子量的大小依次排列起来。他发现性质相似的元素原子量并不相近；相反，有些性质不同的元素原子量反而相近。他紧紧抓住元素的原子量与性质之间的相互关系，不断地研究着。他的脑子因过度紧张而经常眩晕。

门捷列夫的心血没有白费，1869年2月19日，他终于发现了元素周期律！元素周期律揭示了物质世界的一个秘密，即元素间存在相互依存的关系，它们组成了一个完整的自然体系。从此，新元素的寻找，新物质、新材料的探索有了一条可遵循的规律。

门捷列夫对上百种物质进行分析测定后，发现了元素间的一些规律。

1875年9月，巴黎科学院宣布了一项关于新元素的消息：法国化学家布瓦博德朗发现了一种新元素，取名为"镓"。它的原子量为59.72，比重为4.7。门捷列夫早已通过元素周期律预料到这种元素的存在，他毫不犹豫地断定：镓的原子量应该为68，比重在5.9～6.0之间。

全世界科学家都紧张地关注着这场争论。布瓦博德朗感到十分惊讶，那个远在千里之外的理论家，甚至连镓是什么样都没看到，怎敢断言握有实物镓的发现者错了？事实胜于雄辩，在对更多量的镓进行精确的测定后，人们看到结果完全证实了门捷列夫的说法。从此，人们彻底相信元素周期律的正确性，并根据它的预示，相继发现了许多新的元素。

门捷列夫把毕生的精力都投入到了元素研究中。1907年，姐姐来看望门捷列夫时说："你需要休息，不能总是工

Celebrity stories

作。"门捷列夫回答："对我来说，最好的休息就是工作。"

当年2月2日清晨，人们在门捷列夫的书桌前发现，这位伟大的化学家、元素周期表的创立者已经与世长辞，在他人生的最后一刻，他的手中仍然握着一支写字的笔。

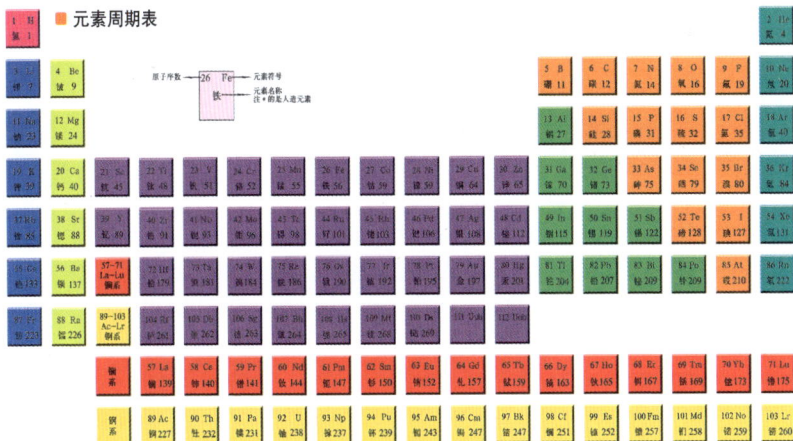

成功密码

门捷列夫曾说过："什么是天才？终身努力，便成天才！"付出巨大的努力，正是他成才的关键。从立志探索元素规律起，门捷列夫用了十几年的时间，才把杂乱无章的化学元素分门别类地排列出来。另外，不拘泥于常规，勇于探究，积极宣传自己的观点，这也是他成才的重要原因。

X射线的发现者
伦琴

Rontgen

人物档案

姓　　名：威廉·康拉德·伦琴

生 卒 年：1845~1923

国　　籍：德国

身　　份：物理学家

重大成就：发现了X射线

伦琴是德国物理学家，长期致力于研究阴极射线，即看不到的阴性电载体。1895年11月8日，伦琴像平时一样，把一只放电管用黑纸严严实实地裹起来，把房间弄黑，然后接通感应圈，让电流通过放电管。黑纸没有漏光。一切正常后他截断电流，准备做放电实验。

突然，伦琴发现眼前似乎闪过一股绿色荧光。刚才放电管是用黑纸包着的，荧光屏也没有竖起，怎么会有荧光呢？伦琴以为是自己的错觉，于是又重新做实验，结果荧光又出现了。伦琴大为震惊，他一把抓过桌上

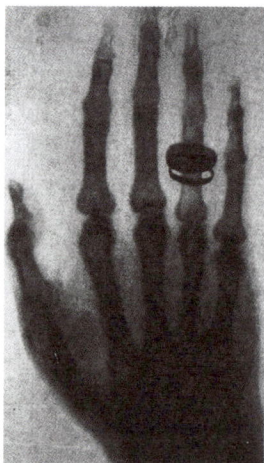

■ 伦琴拍摄到的他妻子手部骨骼的照片。

■ 伦琴公布他发现的X射线后，有的人对此极不理解，
媒体上出现了一些讽刺这一发现的漫画。

的火柴，将它划亮。原来离工作台1米远处立着亚铂氰化钡小屏，荧光是从那里发出的。但是由放电管阴极发出的射线是不能通过数厘米厚的空气的，怎么能在1米远处的荧光屏上闪光呢？莫非是一种未发现的新射线？

伦琴兴奋地托起荧光屏，一前一后地挪动位置，可是那股绿光一直没有消失。看来这种射线的穿透能力很强，与距离没有多大关系。那么除了空气外，它还能不能穿透其他物质呢？他试着用书、薄铝片挡住射线，结果荧光屏上照样出现亮光。当他用一张薄铅片挡住射线时，亮光消失了。现在可以肯定，这的确是一种新射线。

伦琴还发现，如果把照相底片放在管与纸板之间，底片还能感光。伦琴兴奋极了，一连几个星期几乎昼夜不停地对它进行观察和研究，设计了种种实验来探索它的来源和特点，反复比较这种射线与阴极射线的关系。由于这种射线的本性是什么尚未搞清，因而他为这种射线取名为X射线。

伦琴夫人对于丈夫发现的神秘射线感到既好奇又怀疑，伦琴就让夫人把手放在射线前拍摄了一张照片，这

■ 除了发现X射线之外，伦琴还在物理学的气体比热、极光旋转电磁性等方面取得了一定的成就。

就是历史上第一张X光照片——它一直被保存到今天，成为19世纪物理学发展的一个里程碑式的标志。

1895年12月28日，伦琴公布了他的发现。X射线的发现对自然科学的发展有极为重要的意义，它像一根导火线，引起了一连串的反应。许多科学家投身于X射线和阴极射线的研究，从而导致了放射性、电子以及α射线、β射线的发现，为原子科学的发展奠定了基础。同时，之后的科学家通过探

索X射线的本质，发现了X射线的衍射现象，由此打开了研究晶体结构的大门。医学家则通过应用X射线，准确地找到人体内断骨的位置，开创了医疗影像技术的先河。

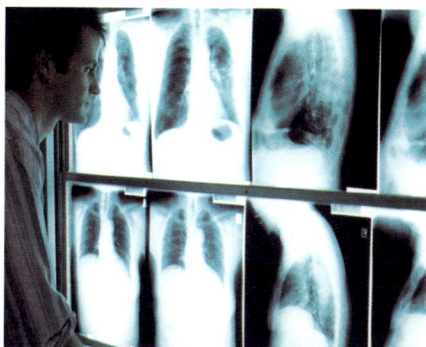

■ 现代医学已将X射线广泛用于疾病诊断之中。

因为X射线，伦琴于1901年获得第一届诺贝尔物理学奖。其后，伦琴又获得了斯德哥尔摩物理学会名誉会员、德国物理学会名誉会员、法兰克福大学名誉理学博士、普鲁士二级王冠勋章等众多荣誉和奖励。

成功密码

伦琴曾经说过："我是偶然发现射线穿过黑纸的。"但事实并非如此，"机会只青睐有准备的头脑"。伦琴在发现X射线之前就致力于研究阴极射线，这为X射线的"偶然"发现提供了必备条件。在发现X射线后，伦琴敏锐地意识到了它的重要性，并对其进行深入研究，最终令X射线大放异彩。

生理学之父
巴甫洛夫

Pavlov

人物档案

姓　　名：伊凡·彼特诺维奇·巴甫洛夫

生 卒 年：1849～1936

国　　籍：俄国

身　　份：生理学家

重大成就：创立了大脑两半球生理学和条件反射学说

　　巴甫洛夫自幼喜爱读书。一次，他偶然在父亲的书架上翻到一本《日常生活的生理学》，在书中发现了许多新奇的道理。正是这本书，激发了小巴甫洛夫对自然科学的兴趣。

　　21岁那年，巴甫洛夫进入彼得堡大学，攻读生理学专业。巴甫洛夫学习十分刻苦，为了使实验做得得心应手，他不断练习双手操作。渐渐地，他可以迅速准确地完成相当精细的手术。毕业后，巴甫洛夫主要研究消化学。为了研究大脑怎样支配胃的活动，

他进行了闻名世界的"假饲"实验。

　　巴甫洛夫先将一条饥饿的狗拴在实验台上，然后在狗面前的食盘里放进鲜肉，狗开始津津有味地吃起来，可是它吃进去的肉很快又掉到食盘里。原来，狗的食道已被切断，食道的两个断头都被接到狗脖子皮肤的外头。因此，被狗咽下去的肉立即从它的食道切口掉回食盘里。

　　在狗的肚子底下，拖着一根细细的橡皮管，原来狗的胃也被巴甫洛夫动过手术，已经插入一根瘘管通到体外。有趣的现象出现了，在狗徒劳吃肉后的四五分钟，橡皮管里流出了大

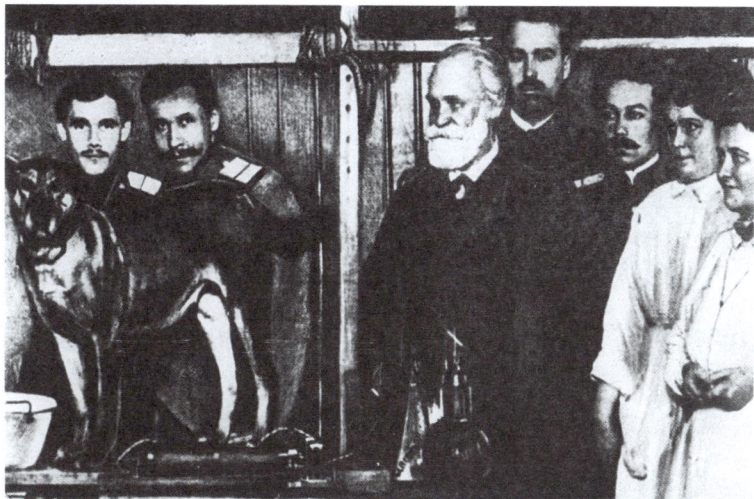

■ 巴甫洛夫与他的研究小组成员一起演示"假饲"实验。

■ 经常忙于学术研究的巴甫洛夫终于获得了一丝休息的机会，但他仍然念念不忘自己的工作。

量胃液。狗不停地吃着，胃液不停地流出，不久就淌满了量筒。

胃液的不断分泌，是狗的第十对脑神经——迷走神经的冲动所引起的。巴甫洛夫在这只狗的迷走神经上引出了一根丝线。现在，只见巴甫洛夫稍微动一下丝线，就切断了狗大脑与胃之间的联系。结果，狗尽管还在不断地吞咽鲜肉，但胃液却停止分泌了。"大脑控制胃的消化！"这个著名的实验结果被记载在所有的生理学教科书中。

1912年，巴甫洛夫开始了对大脑的研究。他通过安装在狗腮上的唾液腺导管进行观察，用这个"潜望镜"揭开了大脑的秘密。不久，他提出条件反射理论，证明人和高等动物的条件反射，是大脑两半球的皮质所形成的。巴甫洛夫认为人有两个信号系统，小孩吃糖时，只要见到糖就会分泌口

水；当他们懂得语言后，只要听到大人们说到糖，也会流口水，这是人类特有的机能。

巴甫洛夫对比了人和其他动物高级神经活动的本质区别，在80岁高龄时提出了两个信号系统学说，并据此证实了辩证唯物主义的基本原理：物质是第一性的，意识是第二性的。巴甫洛夫从事生理学研究六十余载，为生理学的发展做出了不可磨灭的贡献。

■ 巴甫洛夫墓。

成功密码

巴甫洛夫的成功，关键在于他拥有探索自然科学的热情、坚强的意志、坚持不懈的毅力。巴甫洛夫从小喜爱自然科学，又受到严格的生理学教育，从而为他的科学发展之路打下了坚实的基础。巴甫洛夫直到晚年仍致力于生理学研究，他那忘我工作、献身科学事业的精神，永远值得人们学习。

量子之父
普朗克

人物档案

姓　　名：马克斯·普朗克
生 卒 年：1858～1947
国　　籍：德国
身　　份：物理学家
重大成就：创立了量子假说

　　普朗克出生于德国的基尔，从小机灵聪慧，在五六岁时就显示出了卓越的音乐才华，具有专业的钢琴演奏技巧，大家都叫他"普朗克家的小舒伯特"。进入中学后，数学教师米勒尔发现普朗克不仅有出色的音乐天赋，还有着杰出的数学才能。于是，米勒尔鼓励普朗克好好学习，同时还利用业余时间教他天文学、力学，从而激发起普朗克探求科技奥秘的强烈愿望。

　　音乐和自然科学都是普朗克喜欢的领域，在报考大学时，他很难从中做出选择。普朗克咨询了很多人的意见，可是由于众说纷纭，

■ 普朗克是量子论的奠基人。

普朗克更没主意了。父亲知道这件事后，语重心长地对普朗克说："孩子，如果你总是在意别人的看法，那么你不妨问问自

■ 普朗克物理学院。

己，你打算为谁活这一辈子？"普朗克醒悟了，于是他选择了自己更感兴趣的自然科学。这件事，也让普朗克明白这样一个道理：人活着，就要自强自立。

　　普朗克很早就开始对黑体辐射进行探索，在用经典物理理论无论如何都解释不了探索结果的情况下，他对经典物理理论进行了否定，提出崭新的量子假说新概念，并据此得出了公式，把辐射能量与辐射光谱统一起来，从而解决了黑体辐射问题。

　　普朗克的量子假说认为，辐射是由一份份能量组成，就像物质是由一个个原子组成的一样。辐射中的一份能量即是

■ 普朗克纪念邮票。

一个量子。量子的能量与波长成反比，与频率成正比。光正是一个个量子的连续发射，但由于人的眼睛有视觉暂留现象，所以看不到一个个分离的量子，而看到的是一道道光线。量子假说的提出为新物理学的产生奠定了第一块基石。

自从普朗克步入科学殿堂以后，无论遇到什么样的困难，都没有动摇过他献身于科学的决心。普朗克曾遭遇过很多不幸：1909年妻子去世，1916年一个儿子在第一次世界大战中战死，1917年和1919年两个女儿先后死于难产，1944年长子被希特勒处死。尽管这些不幸深深地刺痛了普朗克的心，但他仍然强忍悲痛投入到科学研究中，他用奋发忘我的工作精神抑制自己的悲痛，为科学做出了一个又一个重要的贡献。

普朗克为人谦虚，作风严谨。在1918年4月德国物理学会庆贺他六十寿辰的纪念会上，普朗克致词说："试想有一位矿工，他竭尽全力地进行贵重矿石的勘探，有一次他找到了天然金矿脉，而且在进一步研究中发现它是无价之宝，比先前可能设想的还要贵重无数倍。假如不是他自己碰上这个宝藏，那么无疑地，他的同事也会很快地、幸运地碰上它的。"这当然是普朗克的谦虚。毕竟，这样的好运气，只有那些刻苦工作和深入思考的人才能遇到。

1947年10月3日，普朗克在哥廷根病逝，终年89岁。德国政府为了纪念这位伟大的物理学家，将威廉皇家研究所改名为普朗克研究所。

■ 普朗克与爱因斯坦。

成功密码

虽然普朗克屡遭失去亲人的痛苦，但他始终没有失去信心，仍然以精益求精的科研态度，坚持为理想而奋斗。普朗克为科学付出了毕生的精力。这种坚定不移的精神，这种对研究事业执著的爱，让他最终成为量子论的奠基人。

Marie Curie

发现钋和镭的女科学家
居里夫人

人物档案

姓　　名：玛丽·居里

生 卒 年：1867～1934

国　　籍：法国（原籍波兰）

身　　份：物理学家、化学家

重大成就：发现了钋和镭

居里夫人婚前的名字叫玛丽。从巴黎大学毕业后，她与有着共同志向的皮埃尔·居里结婚，成了居里夫人。1897年，居里夫妇开始研究放射性物质。由于放射性物质对身体有严重的危害性，而且这种物质在矿石里的含量很少，因此大大增加了研究难度。但居里夫妇不怕苦不怕累，仍废寝忘食地做实验。

经过不懈的努力，1898年7月，居里夫妇从矿石里寻找到一种新元素，它的化学性质与铅相似，放射性比铀强400倍。居里夫人将其

■ 居里夫人就读的巴黎大学。

命名为"钋"。此后，居里夫妇继续对矿石中放射性比纯铀强900倍的另一部分进行分析。经过浓缩、结晶，他们终于在1898年12月得到了少量的不很纯净的白色粉末。这种白色粉末在黑暗中闪烁着白光，据此居里夫妇把它命名为"镭"。

居里夫妇的新发现掀起了科学界的轩然大波。因为没有人看见过钋和镭，没有人知道它们的原子量。于是居里夫妇便想提取纯镭和纯钋，以证明他们发现的元素是存在的。

两人在皮埃尔任教的学校里找了个没有人用的棚屋作为实验室，从奥地利购买廉价的铀残渣作为原料，开始了提取工作。开始，他们共同从事镭和钋的化学离析工作。不久，他们认为分工的效率高些，皮埃尔便试着确定镭的特性，居里夫人继续炼制，提取纯镭。

在这种分工中，居里夫人选了"男子的职务"。皮埃尔在棚屋里专心做细致的实验，居里夫人在院子里穿着满是尘

污和锈迹的旧工作服，挥动着铁条，搅拌锅里沸腾的溶液，看上去就像是一个炼铁工人。

　　一年多过去了，镭却不见踪影，但居里夫妇没有失去耐心。对神秘元素的着迷和热情，让他们有信心一直坚持下去。从1889年到1902年，居里夫人每天同时是学者，是工人，是技师，也是苦力。仗着她充沛的脑力和体力，棚屋里的旧桌子上存放了越来越浓缩的结晶，所含的镭越来越纯。

　　1902年，在宣布镭存在之后的第45个月，居里夫妇终于打赢了这场持久战：他们提炼出了1克镭，测量出它的原子量是225。1906年，居里先生不幸因车祸去世。居里夫人承

Celebrity stories

受着巨大的痛苦，为完
成两人共同的科学志愿
而加倍努力工作着。此
后，她不但完成了《放
射性专论》一书，还与
他人合作成功地研制出
了制取镭的方法。

■ 居里夫人纪念馆。

居里夫人一生曾两获诺贝尔奖，可她并没有在成绩面
前骄傲。她无私地把镭的制取技术贡献出来，应用于医学领
域，使镭的技术成为治疗癌症的有力手段，为人类做出了伟
大贡献。

成功密码

居里夫人不顾放射性物质对身体的危害，潜心研究并提炼放射性元素，这
与她对科学的热爱和对探索人类未知领域的极大热情是分不开的。实验条件艰
苦，丈夫又不幸去世，这些都不能阻止居里夫人的研究热情。经过锲而不舍的
钻研，居里夫人终于提炼出镭，为人类文明的进步做出了极大贡献。

Einstein

科学超人
爱因斯坦

人物档案

姓　　名：阿尔伯特·爱因斯坦

生 卒 年：1879～1955

国　　籍：生于德国，1900年入瑞士籍，1940年入美国籍

身　　份：物理学家

重大成就：创立了相对论，开创了现代宇宙学

爱因斯坦幼年时并不聪明，举止迟缓又怕羞，连说话也支支吾吾。上学后，他经常因回答不出老师的问题而受罚，因此父母时常担心他的智力不及平常人。老师也对他表示绝望，认为这孩子不会有什么出息。

有一天，爱因斯坦生病躺在床上。为了减少他对病痛的注意力，父亲拿出一

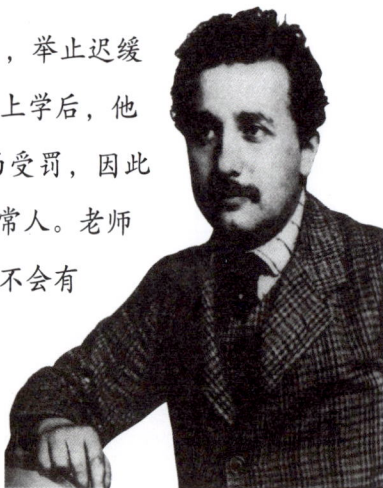

■ 青年时期的爱因斯坦。

个指南针给他玩。爱因斯坦好奇地把玩着，他发现，无论将指南针怎样转动，它的那枚红色指针总是倔强地指向南面。

指南针背后藏着的那股抽象而神秘的力量，以及指南针

Celebrity stories

所代表的坚忍精神，都深深地吸引着爱因斯坦。就是这件常见的小玩意，开启了爱因斯坦探索物理学的巨大热情。

11岁时，爱因斯坦开始自学中学数学的内容。在16岁以前，他已经熟悉了基础数学，掌

■ 位于苏黎世的爱因斯坦实验室。

握了微积分原理，而这些正是一名大学生所要学习的内容。1900年，爱因斯坦从苏黎世工业大学毕业，在瑞士专利局做了一名技术员。在专利局工作的9年中，爱因斯坦接触了许多新的科学知识，这些都加深了他对物理学的热爱。

1905年，爱因斯坦在三个方面向传统物理学观念发起冲击，取得了三个巨大的成就：论证了光的量子性质，得出光电效应的基本定律，这项成果使他得到了诺贝尔物理学奖这一巨大殊荣；证明了热分子运动，提出了测定分子大小的新方法；创立了"狭义相对论"。

狭义相对论创立后，爱因斯坦并不满足，他力图把相对性原理的适用范围推广到非惯性系。经过数年的探索，他终于在1915年发表了"广义相对论"，这标志着物理学的重大突破和进步。但是这种远远超越当时科学发展的新理论，在当时还没有数学工具可以证明，甚至连诺贝尔奖的评委们都对这个理论的理解产生了障碍。因此这个被后世物理学家们视为火炬一样的理论，在当时并没有得到诺贝尔评委们的青睐。

爱因斯坦非常珍惜时间，他把所有的时间都放在了研究上。成名后，他本可以享受很好的物质生活，但是他仍然保持着穷学生那样的简朴。爱因斯坦从来不喜欢参加社交活动与宴会，因为对他来说，安逸和幸福并不是生活的目的。他的理想和生活的目的就是投身于科学研究中忘我地

■ 爱因斯坦推导出了质能关系式$E=mc^2$。

工作。对于社交活动与宴会，他曾讽刺地说道："这是把时间喂给动物园。"

曾经有一个美国记者问爱因斯坦关于他成功的秘诀，爱因斯坦回答："成功的公式就是：$A=X+Y+Z$！X就是努力工作，Y是懂得休息，Z是少说废话！"爱因斯坦严格地遵循着

■ 生活中的爱因斯坦平易近人、和蔼可亲。

他所提出来的成功公式，因此他才能取得这样伟大的成就，成为举世闻名的科学家。

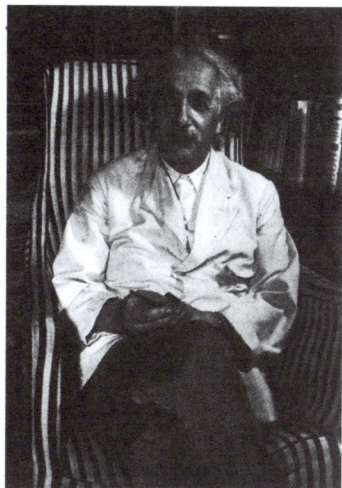

成功密码

世上没有天才，每个人的才能都是因为勤奋好学、努力积累经验而得来的。爱因斯坦也是如此。他怀着对科学的热爱，珍惜时间，潜心钻研，由此形成了超越常人的非凡智力。凭借着善于思考的头脑、不拘于俗套的思维、锐意进取的精神，爱因斯坦最终走进了科学的最高殿堂。

发现青霉素的功臣
弗莱明

人物档案

姓　　名：亚历山大·弗莱明
生 卒 年：1881~1955
国　　籍：英国
身　　份：细菌学家
重大成就：发现了青霉素

弗莱明是英国著名的细菌学家，是一个非常有创造性和想象力的人，在工作中从不墨守成规。1928年9月的下午，弗莱明像往常一样来到了实验室。他培养了一些葡萄球菌，这是一种可引起传染性皮肤病和脓肿的常见细菌。

■ 刻有弗莱明头像的纪念币。

弗莱明查看着菌种的生长情况。忽然，他发现一个原本生长着金黄色葡萄球菌的培养皿中长出了青色的霉菌。由于实验过程中需要多次开启培养皿，因此，弗莱明心中暗想，一定是葡萄球菌受到了污染。但是他又观察到，凡是培养物与青色霉菌接触的地方，黄色的葡萄球菌都消失了。毫无疑问，青色霉菌消灭了它所接触到的葡萄球菌。

对于这一现象，一般的细菌学家可能不会觉得有什么了不起，因为他们知道有些细菌会阻碍其他细菌的生长。但细心又认真的弗莱明却没有轻易放过，他立刻意识到在这个培养皿中可能出现了某种了不起的东西。他想知道这种神秘的、具有如此效力的霉菌究竟是什么。于是，他从培养皿中刮出一点霉菌，小心地放在显微镜下。透过厚厚的镜片，他终于发现那种能使葡萄球菌死亡的菌种是青霉菌。

随后，弗莱明把剩下的霉菌放在一个装满培养基的罐子里继续观察。几天后，这种青霉菌长成了菌落，培养汤呈现出淡黄色。随后他又惊讶地发现，不仅这种青霉菌具有强烈的杀菌作用，而且就连黄色

■ 弗莱明与美国总统杜鲁门在一起交谈。

Celebrity stories

的培养汤也有较好的杀菌能力。于是他推论，真正的杀菌物质一定是青霉菌生长过程的代谢物，他称之为"青霉素"。

此后，在长达4年的时间里，弗莱明对这种青霉菌进行了全面的专项研究。他发现青霉菌是真菌，与面包或奶酪里的霉菌没有什么不同，但是它却对许多能引起严重疾病的传染病菌有着显著的抑制和破坏作用，杀菌作用极强，即使把它稀释一千倍也能保持原来的杀菌力，并且对人和动物的毒害非常小。

弗莱明用实验证明了青霉素的抗菌性"完美无缺"，但是他却无法实现青霉素的批量生产，以应用于临床，因为弗莱明是病菌学家而不是化学家，他无法做到分离并提纯青霉素。青霉素的研究中断了。1935年，英国病理学家弗洛里与侨居英国的德国生物化学家钱恩合作，重新研究青霉素的性质、化学结构，分离和纯化青霉素，终于解决了青霉素的提纯问题。青霉素的普及应用给那些受传染病折磨的人们带来

■ 青霉菌与橘子霉变的霉菌一样，都是真菌。

110

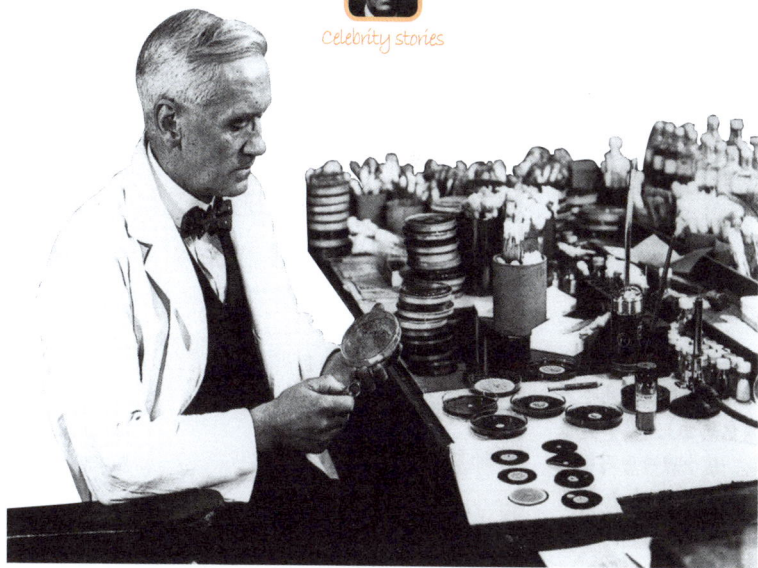

■ 弗莱明在伦敦圣玛丽亚医院工作时的照片。

了生机，可以毫不夸张地说，青霉素的发现开辟了全世界现代医疗革命的新阶段，引发了医学界寻找抗菌素新药的高潮。直到今天，青霉素仍是流行最广、应用最多的抗菌素。

成功密码

　　弗莱明在研究工作中认真观察，用心思考，从不放过任何一个可能被人忽视或偶然的细节，以一种锲而不舍的精神追根究底。正是凭着这种精神，他发现了人类医疗史上的第一种抗菌素——青霉素，从而大大增强了人类抵抗细菌性感染的能力，带动了抗菌素家族的诞生。

核能时代的揭幕者
费米

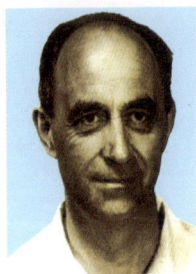

人物档案

姓　　名：恩里科·费米

生卒年：1901～1954

国　　籍：生于意大利，1944年入美国籍

身　　份：物理学家

重大成就：领导设计了第一座核反应堆

费米出生于意大利的首都罗马，自幼就喜爱读书。小费米根本不满足于课堂上所学到的那点儿知识，对数学和物理更是有着极大的兴趣，常找这方面的书来看。从那时起，小费米就立下了要当一个物理学家的志向。

1939年初，德国的物理学家哈恩发现了铀核裂变现象。费米对此感到极其震惊，他想："铀核俘获一个中子后，会分裂成两个大致相等的部分；如果铀核每次裂变放出一个以上中子，并且它们又能引起下一次裂变，那么如此循环下去，就有可能发生链式反应。"想到这里，他随手掏出一张餐巾纸，在纸上计算出铀核分裂可能

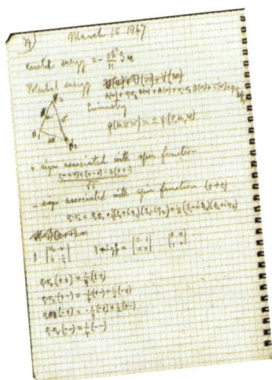

■ 费米的笔记。

释放的令人难以置信的巨大能量。

后来，费米采用当时非常先进的回旋加速器，证实了链式反应不仅可能，而且速度快得惊人——前后两次反应的时间间隔只有五十万亿分之一秒。"一旦能够人为地控制铀核裂变的速率，

■ 费米在哥伦比亚大学任教时的情景。

使链式反应自动持续下去，那么，它将在极短的时间内释放出巨大的能量！人类将找到一种全新的能源！"

费米为这个设想兴奋不已。但是，怎样才能实现链式反应呢？费米知道，促使铀核裂变并形成链式反应的关键在于中子。在绝大多数情况下，中子释放速度太快，很难被铀核"俘获"。为此，费米明确了下一步的研究方向——寻找减速剂。经过大量的实验，费米终于找到了理想的减速剂——纯石墨。

1942年，费米带着一批物理学家，开始建造世界上第一

座原子反应堆。反应堆的直径为7米，一层石墨一层铀，总共57层，整个反应堆高6米。乍一看，反应堆就像个扁球形的"炉灶"。在这个"炉灶"里，插着一根特制的镉棒，它能吸收中子，只要调节它的深入尺寸，就能够控制裂变反应速率。11月底，这个庞大而古怪的"炉灶"终于砌成了。12月2日，原子反应堆试运转，大家都在紧张地为此做准备。费米抬起手腕看了一下表，9时45分。他大声喊道："大家注意，现在启动反应堆！"此刻，所有在场的人的注意力都集中在"炉灶"上，等候费米的命令。

15分钟后，费米下令："抽出控制棒！"负责控制棒的那个物理学家立刻把镉棒慢慢地向外抽出一些。人们屏住呼吸，只听得计数器的声响越来越快——铀核裂变开始了！这

■ 费米的发现使原子弹的产生成为可能。

原子弹爆炸产生的巨大的蘑菇云。

时，费米认真地注视着测量仪器，脸上浮现出自信的微笑。

到了下午3时20分，费米再次下令："把控制棒往外抽0.3米！"3分钟后，费米欣喜地宣布："反应堆正在自动进行链式反应，我们成功了！"守候在反应堆旁的物理学家们激动得拥抱起来，眼里闪烁着喜悦的泪花——人类终于打开了奇妙的原子能宝库的大门，利用原子能的时代从此开始了。

成功密码

费米自幼就对科学有着非凡的兴趣，并阅读了大量的相关书籍，这为他日后的研究和发展奠定了扎实的基础。长大后，他专注于自己的研究课题，从科学推理到付诸实践，始终精益求精，认真对待。此外，他还富有远见卓识，这些都帮助他成功地打开了原子能宝库的大门。

Hawking

在轮椅上探索宇宙
霍金

人物档案

姓　　名：史蒂芬·威廉·霍金
生 卒 年：1942 ~
国　　籍：英国
身　　份：物理学家
重大成就：提出了"黑洞辐射"的观点，著有《时间简史》

霍金出生于英国的一个知识分子家庭，从小就很喜欢物理学。17岁时，霍金以优异的成绩进入牛津大学攻读物理学专业。毕业后，他又考入剑桥大学研究生院，继续学习物理学。就在这时，霍金不幸罹患了运动神经细胞萎缩症，导致半身不遂，最后不得不坐上了轮椅。

在残酷的命运面前，霍金并没有低头。他怀着对物理学的极度热爱，开始以顽强的毅力致力于理论物理学的研究。霍金选择的研究对象是宇宙，采用的研究方法也与众不同——他从不观测天体，而是靠直觉和理论进行分析。

■ 霍金是有史以来最杰出的科学家之一。

■ 尽管霍金因疾病被困在轮椅上，但他仍然努力探寻宇宙中无穷无尽的奥秘。

　　"黑洞不黑"这一理论思路就来源于他脑海中的一个闪念。在1970年11月的一个夜晚，霍金躺在床上，开始思考黑洞的问题。他突然意识到，黑洞应该是有温度的，这样它就会释放辐射。也就是说，黑洞其实不黑。在经过三年的苦苦思考和计算后，他使这一闪念形成了完整的理论。1973年，霍金正式向世界宣布，黑洞不断地辐射出X光、γ射线等，这就是著名的"霍金辐射"。这一深奥的理论对量子宇宙论的发展做出了杰出的贡献，大大推进了宇宙空间科学的发展。

celebrity stories

人们推测出的宇宙黑洞现象。

1985年，霍金动了穿气管手术，从此完全失去了说话的能力。疾病残酷地折磨着他的身体，却无法束缚他那如宇宙般浩瀚、深邃的思想。凭着一台电脑声音合成器，以及仅能活动的几个手指操纵特制的鼠标器在电脑屏幕上打字，他写出了著名的《时间简史》。在这本书里，霍金力图以普通人能理解的方式来讲解黑洞、宇宙的起源和时间旅行等。

成为残疾人后的霍金在生活上遇到了很多麻烦。1991年3月，霍金坐轮椅回公寓，过马路时被小汽车撞倒，左臂骨折，头被划破，缝了13针。但48小时后，他又回到办公室投入工作。这位思考着人生与宇宙最终真谛的智者没有被这样的小"事故"所打倒。

虽然身体的残疾日益严重，霍金却力图像普通人一样生活，完成自己所能做的任何事情。他甚至是活泼好动的：在他已经完全无法移动之后，他仍然坚持用唯一可以活动的手指驱

118

Celebrity stories

动着轮椅在前往办公室的路上"横冲直撞"。在莫斯科的饭店中,他建议大家来跳舞,而自己也在大厅里转动轮椅。这样的身影,令在场的人感到震惊和感动。

霍金在物理学方面取得的成功是举世瞩目的,但他没有停止前进的脚步,依然在他所钟爱的物理学事业上继续奋斗着!

■ 霍金不仅是伟大的物理学家,也是笑对人生的智者。

成功密码

霍金被确诊患上绝症后,并没有被病魔打倒,而是顽强地与命运抗争,以加倍的努力投身到对宇宙的探索之中,最终登上了科学的高峰。他用不断求索的科学精神和勇敢顽强的人格力量唱响了华丽的生命乐章,令人为之赞叹。

图书在版编目（CIP）数据

科技英杰 / 龚勋主编. —南昌：江西教育出版社，
2016.11
（影响孩子一生的中外名人成才故事）
ISBN 978-7-5392-9144-4

Ⅰ. ①科… Ⅱ. ①龚… Ⅲ. ①科学家—生平事迹—世
界—儿童读物 Ⅳ. ①K816.1-49

中国版本图书馆CIP数据核字(2016)第278529号

科技英杰
KEJI YINGJIE

龚勋　主编

江西教育出版社出版
(南昌市抚河北路291号　邮编：330008)
各地新华书店经销
北京市松源印刷有限公司印刷
889毫米×1194毫米　32开本　4印张　字数100千字
2016年12月第1版　2017年5月第2次印刷
ISBN 978-7-5392-9144-4
定价：16.00元

赣教版图书如有印装质量问题，请向我社调换　电话：0791-86710427
投稿邮箱：JXJYCBS@163.com　　来稿电话：0791-86705643
网址：http://www.jxeph.com

赣版权登字-02-2016-681